Marketing Básico para Fotógrafos

(Um guia prático sem enrolação para você iniciar

(ou reposicionar) seu marketing na fotografia

Leo Saldanha

Dedico esse livro a minha esposa e a minha filha. Tamara e Bellinha. Faço tudo por vocês. E são vocês que fazem tudo valer a pena.

Agradecimentos Agradeço a minha esposa Tamara Minati e a minha filha Isabella. Pela paciência, inspiração e dedicação. Meu agradecimento também a Iara Moribe, pelos ensinamentos e por gentilmente revisar esse livro. Agradeço aos meus amigos, meu irmão Mozart Mesquita e ao meu pai por ter sido o melhor professor que eu poderia ter tido. Obrigado Carlos. Agradeço aos meus sogros Edgar e Susie. Vocês são como pais para mim.

Índice

Prefácio

Por um marketing mais humano!

A fotografia é fascinante. Cresci no meio desse ofício porque meu pai trabalhava em um laboratório profissional e me lembro do cheiro dos químicos e das fotos sendo reveladas. Isso foi nos anos 80 e naquele tempo a fotografia analógica não era para todos, mas não deixava de ser fascinante. Meu pai trabalhou antes na Kodak (quando ela era como o Google hoje) e viajou o mundo consertando equipamentos, computadores gigantescos e coisas relacionadas à fotografia e à tecnologia. Depois ele criou uma escola de fotografia, batizou de FHOX (porque assim como a Kodak era um nome marcante). Da escola de fotografia em Curitiba surgiu um boletim de quatro páginas com notícias e dicas de fotografia. Vinham alunos de várias regiões do Brasil. Ele enviava o jornal da FHOX para todo mundo. A Fujifilm patrocinou e dali surgia a revista FHOX. Mudamos de cidade, São Paulo, e a FHOX foi crescendo aos poucos. Em um tempo em que a internet ainda nem existia direito no Brasil. Isso no começo dos anos 90. O que contei de antes do meu pai se refere aos anos 70 e 80. De lá para cá a FHOX se tornou mais do que uma revista. Temos portal, presença consistente nas redes sociais, eventos (entre eles, a Feira Fotografar) e podcast (FHOXCast). Tudo mudou muito e a fotografia que era 100% analógica ficou 100% em tempo real. E agora todos são imediatistas. O que explica muito dos problemas que temos hoje no mercado de certa forma. E tem mais: agora comprar uma câmera é bem mais fácil e o acesso ao conhecimento é muito fácil. Curiosamente, as escolas de fotografia, os conteúdos em sites e afins e tudo mais não abordam de forma integrada o marketing na fotografia. Embora na internet podemos encontrar conteúdo sobre negócios e marketing. Só que muitas vezes sem nenhum critério. Outro problema dessas dicas: não dá para aplicar a mesma regra para todo mundo. O que funciona para um não funciona para outro. Temos aí a receita para a confusão que vemos no ramo. Pois bem, eu cheguei a você que me lê agora. Você pode estar começando ou já ter um tempo de mercado. Pode ser que em um caso ou no outro o desafio seja o mesmo: não sei fazer marketing. Só que você já faz. Sua presença, a forma de falar, o que postar e como postar. Suas fotos e vídeos. Tudo isso é marketing, pois as pessoas julgam e tem uma opinião na hora que veem esses conteúdos. É fato que a fotografia ficou muito mais acessível e isso traz vantagens e desvantagens. Viver da fotografia é muito desafiador e, ao mesmo tempo, estimulante. Hoje você pode viver de criar fotos e vídeos só para redes sociais de marcas. Hoje você pode viver de fotografar para o Airbnb, Uber etc. Hoje você pode ser um fotógrafo da família. Só que todo mundo pode também. E não tem como segurar isso. A barreira de entrada de se viver da fotografia é inexistente. Comprei uma câmera, fiz um site (ou nem isso), criei um Instagram e pronto. Eu sou fotógrafo. Gasto com cursos, workshops e congressos. Pronto. Sei tudo sobre o mercado. Será mesmo? Nas atividades da Escola de Negócios FHOX sou muito abordado por quem está começando e pelos veteranos. A pergunta é quase a mesma: como faço um marketing nesse ambiente de crise e forte competição. Quero antes de responder isso dizer o seguinte: não existe mercado perfeito. Não existe mercado para todo mundo. Dito isso, você tem que encontrar o seu posicionamento e se encaixar perto do seu público. Para quem está vivendo ou começando a viver de foto o desafio é o mesmo. Como faço para atrair novos clientes e manter os antigos? São duas coisas bem distintas. E tem mais: como faço para atrair os antigos que não voltaram mais? Como faço para atrair clientes se não tenho nenhum. Até o fim do livro espero que você encontre respostas. Se você espera um botão mágico ou fórmula pronta com esse livro, está apostando no lugar errado. A fotografia é muito complexa como negócio. Para fotógrafos, então, é ainda mais complicado. O que trago como consolo é que o caminho existe e passa por crescer do pequeno para o grande. Primeiro trabalhar bem os poucos clientes e tornar o negócio viável. Afinal, como diria Seth Godin, como você terá sucesso com muitos se não consegue vender e satisfazer poucos consumidores. O marketing na fotografia é um jogo de pessoalidade. Mexe com emoções, sensibilidade e memórias. O fotógrafo ou negócio de fotografia que entender primeiro isso terá um diferencial de partida. O marketing básico deste livro explica o que é o marketing, como ele se transformou e vai continuar se transformando. Para você ter sucesso por um tempo (até ter que se reinventar de novo) vai envolver muito trabalho. O que mostro é que existem métodos para acertar seu marketing. Só que isso passa por autoconhecimento, autenticidade e ajuste correto de acordo com seu perfil. Não adianta tentar criar um plano de marketing para seu negócio sem antes definir qual é seu público, onde ele está e o seu posicionamento frente ao consumidor. Só definindo isso para pensarmos no produto, promoção, ponto e preço. Esses 4 P's são um clássico do marketing moderno. Só que eles não bastam sozinhos. E daí surgiu o marketing 4.0. Preço é recorrência, promoção virou conversa, ponto é presença em canais e nos marketplaces e produto é colaboração. Vamos abordar a importância de definir um número mínimo viável para que seu negócio sobreviva e cresça de forma orgânica e criar um plano de ataque inicial. Entenda que o seu marketing de hoje pode e vai mudar em seis meses. E isso é ótimo. Mostra que assim como a sua fotografia, ocorre um amadurecimento. Entenda que não existe marketing bom de produto ruim. E que, aliás, não temos como fazer marketing sem produto. Esse livro não aborda tudo sobre o marketing e traz uma linha de trabalho que segue os mestres Philip Kotler e Seth Godin. Trago casos reais, informações de alto nível e espero que tudo isso seja uma ferramenta, de fato, útil para o seu negócio de fotografia. Seja para você que está começando agora (e se buscou esse conteúdo me parece que está na trilha certa) ou para quem já está na estrada um tempo e precisa se reposicionar. E isso também é ótimo. O que quero que fique claro para você é o seguinte: de nada adianta estudar sem agir.

Se você já tem seu equipamento e fez muitas tentativas, sem problemas. É válido do mesmo jeito. Inicialmente eu tinha uma ideia de um livro para um guia de negócios na fotografia. Queria mostrar passos de como não sabotar seu próprio negócio e puxar junto o ramo fotográfico. Já ouvi (não faz muito tempo) que não existe mercado fotográfico. Discordo, pois sei e vejo milhares de fotógrafos daqui e de fora movimentando um mercado real. São eles que movimentam a indústria. Dos fabricantes de câmeras até a parte de impressão. Geram renda, empregos e são peças fundamentais nas memórias das famílias. Saiba que você faz parte disso e faça algo a respeito. No marketing a gente sai e faz, testa, ajusta e faz de novo. Não muito diferente da fotografia. Então minha dica para você é essa: leia, pratique e pratique mais. Bons negócios virão como consequência de muito trabalho. Boa leitura e bom trabalho. Mas antes de começarmos tenho um guia prático. E ainda antes disso tenho outro recado importante. O ano de 2020 foi pego de surpresa pela chegada de um vírus e uma situação sem precedentes. Não sabemos o que vai acontecer quanto a covid-19 e seus desdobramentos. Mas enquanto terminava o livro tive que pensar nesse desafio também. Fotógrafos sem eventos, aglomerações proibidas. Um "novo normal" que se anuncia e que afeta e vai transformar aniversários, casamentos, formaturas e outros eventos sociais. Como tudo chega com oportunidades. Como, por exemplo, uma renovação na importância da família e de suas memórias. E vemos fotógrafos e negócios de fotografia se reinventado nesse cenário. Apostando no online e sem esquecer do valor da fotografia impressa. A minha dica antecipando um ponto avançado do livro é valiosa: o fotógrafo mais humano, mais pessoal será muito importante daqui para frente. Ser profissional é básico, ser humano e cuidadoso fará parte da "nova normalidade".

E pensando nisso. Por favor, não faça o mais fácil que é baixar preço quando a coisa apertar. Pensando nisso, resolvi antes de entrar no marketing (e de forma rápida) eleger os comportamentos que mais destroem a fotografia como negócio. Do ponto de vista de um fotógrafo profissional, claro. Um manual prático é feito de passos. Vamos a eles... Repare que os passos iniciais são mais extensos e que depois vou deixando só pitadas provocativas que certamente vão aparecer na sua carreira. Você pode até não ler o livro inteiro, mas se absorver essa parte já me dou por satisfeito. Antes de começar esse livro quero te passar 50 dicas práticas. Caso você não leia o livro até o fim, se ao menos ler essas sugestões já será muito positivo.

50 dicas para você não f... o mercado e a sua carreira

Passo 1 – Se você comprou uma câmera ainda não é fotógrafo. Algo tão óbvio e divulgado pelos próprios fotógrafos mais experientes. É só para relembrar a coisa mais básica possível. Porque mesmo assim muita gente começando não entende isso. O equipamento é fascinante e te "dá um calorzinho", não dá? Aprenda tudo sobre como usar essa ferramenta. Conheça tudo mesmo. A parte técnica é essencial e sem ela você não terá condições de criar imagens incríveis e conhecer todas as regras para daí poder quebrá-las.

Passo 2 – Estude em uma escola de fotografia séria. Busque as referências e pesquise muito. Treine, estude muito a parte teórica e prática. Faça e fotografe um pouco de tudo. Existem escolas excelentes em quase todo o

Brasil. Busque no Google e pergunte para amigos e em fóruns. Olhe no Reclame Aqui e nas redes sociais das escolas e o que comentam sobre elas. Repare no currículo dos professores. Lembre-se que existe formação no ensino superior para fotografia profissional. E cursos profissionalizantes. Com relação aos cursos on-line, cuidado. Fotografia é prática. Preciso dizer que fotografar é algo presencial e que nessa fase é fundamental orientação? Os cursos online podem ser ótimos. Só tenho minhas dúvidas se vai formar alguém só assistindo cursos na internet. A propósito, por alguma razão bizarra, pouquíssimas escolas e cursos online abordam sobre negócios, gestão e marketing na fotografia. Não me espanta, portanto, vermos tantos problemas de preço e marketing no nosso mercado.

Passo 3 – Estude negócios. O marketing você já está fazendo. Lembrando que tem o Sebrae, Endeavor Brasil e uma série de livros e publicações sobre o tema. Na fotografia quase inexistem. Você acredita que esse é o primeiro livro exclusivamente dedicado ao marketing na fotografia a ser publicado no Brasil? Pois é. Só que marketing está por aí nos livros, sites e nas escolas de negócios. Existem cursos on-line também. No fim desse livro tem um capítulo só para falar de portais e livros para você mergulhar mais nesse assunto.

Passo 4 – Não baixe o preço e nem faça sua precificação na base do achismo. Você pode cobrar menos só se isso fizer parte de uma estratégia clara de volume com valor baixo para ganhar na quantidade. Isso representa trabalhar muito mais e com chances de problemas em fluxo de trabalho, entrega e na sua saúde. Baixar o preço é coisa de preguiçoso que, em breve, estará fora desse mercado.

Passo 5 – Tente ser ético. A palavra ética tem relação direta com ser profissional. Faça o seu melhor e se coloque no lugar do cliente. Aja com prestatividade, honestidade, pontualidade e sempre de olho na sua própria conduta. Se errar, peça desculpas e conserte o que errou. Capriche na sua conduta porque é a sua marca na linha de tiro. Sempre.

Passo 6 – Tenha postura profissional. Releia o passo 5. Profissional quer dizer ser ético. Tenha cuidado com o próximo e tenha profunda atenção com seus clientes e fornecedores. E com os concorrentes.

Passo 7 – Concorrente não é inimigo. Trata-se de um adversário de mercado que deveria puxar o nível para cima. Na prática o que vemos é uma guerra de preços. Tente se nivelar por cima olhando e acompanhando aqueles que você gostaria que fossem seus concorrentes: os profissionais de alto nível que investem em técnica, marketing e nos clientes. Ficar encafifado com o concorrente vai fazer você não evoluir. Sim, você deve acompanhar. Mas só não vá ficar obcecado pelo colega que está competindo com você. E lembre-se: hoje a gente concorre até com a Netflix e o smartphone.

Passo 8 – Cuidado com equipamentite. Não coloque o equipamento em primeiro lugar. Coloque a sua técnica, criatividade, cultura e profissionalismo em primeiro lugar. Coloque seus clientes em primeiro lugar. Fazendo isso, os equipamentos sensacionais virão. Só não vá ficar viciado em trocar de câmera e afins por mero esporte. Uma brincadeira cara que pode te complicar a vida. Usar e entender de tecnologia e ter o que há de melhor é, sim, importante. Só não fique escravo disso. Grandes nomes da fotografia mundial não têm essa relação tão apegada assim com as ferramentas.

Passo 9 – Estude sempre. E entenda que a única certeza (além da morte e dos impostos) é que você terá que estudar até o final da sua carreira. Pois as mudanças tecnológicas, de mercado, de estilo, de comportamento do consumidor e tudo mais vão te forçar a ser um aprendiz todos os dias.

Passo 10 – Invista em cultura. Livros, peças de teatro, shows, viagens, filmes e exposições. Isso tem relação com estudar, mas como uma usina para alimentar sua criatividade. A reciclagem pode vir mais da cultura do que qualquer outra coisa. E boa parte dessa rotina não terá nenhuma relação com fotografia.

Passo 11 – Cuide bem do cliente. Isso é tão básico, mas muitas vezes esquecido. Em especial porque fotógrafos acreditam que a arte vem em primeiro lugar. Mas quem vai comprar a arte? Se fosse para só fazer coisas artísticas poderia só ser um hobby, não? Cuidar bem do cliente pode ser entendido aqui como ouvir o cliente para entender e atender naquilo que ele precisa. E fazer para ele e com ele aquilo que é interessante na parte fotográfica ou de vídeo. E você só vai conseguir fazer isso conversando, perguntando e ouvindo de forma genuína. Marketing na essência mais básica é cuidar do cliente.

Passo 12 – Se beber, não tuíte. Essa frase é velha. Poderia ser também: se beber, não poste no Instagram, Facebook ou no WhatsApp. Já vi fotógrafo xingando colega e reclamando dos clientes nas redes sociais. Se eu vi, outros também viram. Como fica a imagem frente ao mercado. É o antimarketing e só vai prejudicar seu negócio. Na fotografia e na prestação de serviços, as pessoas compram pessoas. Você querer opinar sobre tudo e se posicionar fortemente sobre questões polêmicas podem te render audiência, mas certamente não vai render mais faturamento. Isso quer dizer: cuidado com o que posta nas redes sociais sempre. As pessoas estão lendo mesmo sem curtir e isso pode, sim, fazer você perder clientes.

Passo 13 – Se quiser fama, prepare-se. Cuidado com esse item na sua lista de desejos. Ser famoso quer dizer não ter sossego e estar exposto a tudo e a todos o tempo todo. Vai gerar ainda mais sensibilidade por parte dos seus seguidores e fãs. O problema aqui com a fama é que ela pode não estar ligada com sucesso financeiro. São muitos casos de fotógrafos presos nas métricas de vaidade (seguidores, compartilhamentos e afins) e que não ganham dinheiro de verdade. É fácil se envaidecer e só tentar aparecer. Ter evidência é ótimo. Desde que com seus clientes e prospects.

Passo 14 – Se for palestrar, prepare-se. Muita gente que começou ontem quer palestrar. E você pode, pois a internet permite isso. Se esse é o seu caso, e você quer muito compartilhar, então crie um canal digital e faça isso primeiro pela internet. Só dê palestras se tiver algo bacana e útil para contar. Se for só para mostrar o seu trabalho e acariciar seu ego, repense.

Passo 15 – Se quiser ficar rico vai precisar de um milagre (ou muita sorte). São pouquíssimos casos de fotógrafos que enriqueceram com a fotografia. E os que conseguiram alto padrão investiram mais na veia empreendedora. Deixaram depois de um tempo de serem fotógrafos para se tornarem gestores. Essa é uma escolha que o fotógrafo terá que fazer em algum momento da carreira se as coisas evoluírem. A única exceção para isso é quando o profissional consegue transformar o próprio trabalho em arte e em uma grife valiosa. E de novo, não é uma coisa fácil e para qualquer um. Importante destacar que fotógrafos bem sucedidos conseguem um bom padrão de vida faturando 20 a 30 mil reais por mês atuando na fotografia social e de família. Esses casos são mais comuns do que parece e, de novo, envolveu uma árdua jornada para crescer de forma orgânica e ao longo dos anos, depois de muito trabalho e esforço para chegar nesse patamar. Obviamente não representa a média do mercado.

Passo 16 - Cuidado com a parte financeira. Não é uma brincadeira e o fotógrafo tem que ter um controle do fluxo de caixa. Precisa entender de precificação e de quanto de margem quer ter no negócio. Não torrar o dinheiro da frente agora para não deixar os clientes do futuro na mão. Isso requer atenção o tempo todo. Requer foco nos números, Excel ou sistema de gestão. Não sabe ou não quer fazer? Então busque a ajuda do Sebrae ou contrate alguém para ajudar. De qualquer forma, você sempre terá que olhar para os números.

Passo 17 – Não pense que fotografia é fácil. Viver da fotografia dá muito trabalho e pede um perfil mais "cara de pau". Tem que ser vendedor, extrovertido e gostar de pessoas. Tem que gostar de cuidar das pessoas e conhecer as histórias delas para poder contar depois. Fotografia dá trabalho porque você tem que trabalhar enquanto os outros descansam. Tem que ficar sem final de semana. E está sempre sujeito às mudanças de mercado e tecnologia. Aprender sempre e ter consistência são requisitos importantes para não se perder nesse negócio de fotografar.

Passo 18 – Prepare-se para mais mudanças tecnológicas. Se estudar é uma certeza, a mudança tecnológica é outra. Pode ter certeza de que a tecnologia vai mudar com frequência. Por isso que não é bom ser tão apegado com as ferramentas. Porque elas vão ficar pelo caminho. Entenda delas claro, mas não seja refém. Se você não gosta de mudanças e de desafios tecnológicos está no mercado errado.

Passo 19 – Sua foto importa. A foto é o item mais básico do marketing. É muitas vezes o primeiro contato do cliente com seu trabalho. Então ela passa uma percepção, uma ideia e tem uma imagem. Logo, sua foto é marketing. E as pessoas vão ficar de olho nisso. Agora, fotografia é subjetivo e o que é bonito para uma pessoa não é da mesma forma para outra. Então, esteja preparado para isso. A melhor forma de pensar é a seguinte: que a sua foto seja tão boa que atraia as pessoas que você quer.

Passo 20 – Vendas não é marketing. Vender faz parte do marketing, mas são coisas distintas. Você pode conhecer muito de vendas, porém pode acabar ficando refém das técnicas para se vender o tempo todo. De ter que fazer artimanhas e ações promocionais com frequência. Algo que pode detonar o valor do seu negócio ao longo do tempo. O que se diz sobre o marketing eficiente é o seguinte: o marketing reduz a necessidade do esforço em vender. Entender isso pode fazer toda a diferença para o seu negócio de foto.

Passo 21 – Marketing não é enganação. Na verdade, é o contrário. É um trabalho muito sério que muda o comportamento das pessoas. Transmite ideias e faz com que as coisas sejam percebidas com valor. Marketing é o que vai fazer seu negócio de fotografia persistir. Então não é enganação. É questão de sobrevivência.

Passo 22 – Esqueça todos os passos, mas tenha certeza de que vai ter muito trabalho. Aqui é só para lembrar que fotógrafo trabalha muito e não tem fins de semana. Que pode ganhar muito bem. Só que vai ter que ralar muito. Se acha que vai ser moleza pode esquecer. Aliás, pode ser moleza. Mas daí não vai durar.

Passo 23 – Você é um prestador de serviço. Embora envolva criatividade, quase sempre será um ofício para prestar um serviço. Inverter essa ordem pode prejudicar seu negócio. As pessoas vão te contratar para entregar um trabalho com imagens. Ponto final. A arte você pode fazer no seu projeto pessoal. Se conseguir encaixar sua visão diferenciada no trabalho, desde que deixe o cliente feliz, ótimo.

Passo 24 – A arte é bem vinda em projetos pessoais. E muitas vezes isso ajuda no trabalho comercial. Dá vazão para a criatividade, ajuda a te motivar. Divirta-se nessa parte e certamente vai fluir no seu trabalho comercial. Os grandes fotógrafos que conheço têm trabalhos autorais incríveis. E sim, isso também pode virar um negócio.

Passo 25 – Fotografia não te torna uma estrela de rock. Não, você não é a estrela do evento. Não, as pessoas não foram lá para te ver trabalhar. As pessoas querem que você as torne estrelas e não o contrário. Menos ego e mais entrega.

Passo 26 – Participe de congressos, workshops e cursos on-line para se reciclar. Mas, atenção, tem gente que passa o ano todo fazendo curso, congresso e não melhoraram. Não crescem e não aprendem. Saiba escolher e não vá só porque todo mundo vai. Qual é a utilidade daquilo para minha carreira? Congresso não é só conhecimento. É também troca de informação e chance de conversar com fornecedores e ver para onde o mercado vai.

Passo 27 – Qual é o seu propósito? Parece jargão ou coisa de coach, mas é verdade. Como é que você vai impor sua marca se você não sabe qual é sua identidade? Você necessita de autoconhecimento para posicionar corretamente o negócio. Se você não se conhece, qual a chance de criar um marketing bacana com a sua cara? A minha pergunta para você é simples: quem é você?

Passo 28 – Foto é no papel. Sem dar produtos impressos não tem como valorizar a fotografia. É relevante para o negócio ter uma visão de que os produtos físicos têm papel (literalmente). Vai adicionar valor final na oferta. Isso ajuda a justificar preço e lembre-se que o produto, seja álbum ou foto na parede, é um marketing poderoso na casa dos clientes. A foto é o que vai ficar na casa do cliente e é seu trabalho batalhar por isso. Entender das vantagens e saber por que isso é importante para o cliente. Não existe escritor sem livro. Não existe fotógrafo de verdade sem foto no papel. Quer entender mais sobre os processos e formas de vender e valorizar o impresso? movimentoimprimir.com.br (é de graça).

Passo 29 – Você é um agente de memórias e do valor da impressão. É você que vai mostrar para as pessoas sobre a importância da impressão. São os milhares de fotógrafos que vão decidir sobre o futuro do mercado. Se vamos continuar ou não, vai depender desse entendimento. Sem foto no papel e sem álbum, acaba tudo. E pior, acabam as memórias das famílias.

Passo 30 – Lembre-se do vídeo. Não dá mais para ser só fotógrafo, olhar para um profissional mais completo é algo da maior importância. O fotógrafo está virando um agente de imagens.

Passo 31 - Viver da fotografia dá um trabalho danado e você vai pensar muitas vezes em desistir. Então é bom que sua vontade esteja alinhada com sua paixão e autoestima.

Passo 32 - Invista na assinatura visual. A fotografia importa muito sim e é um marketing poderoso! Isso quer dizer: ter fotos belas é algo subjetivo, mas quando um fotógrafo tem uma bela imagem, ele se destaca. Quando o profissional da imagem consegue criar uma assinatura visual bem definida, ele se destaca porque as pessoas veem a foto e dizem: nossa, essa é uma fotografia de fulano de tal. Esse é o sonho de qualquer fotógrafo. Ser reconhecido só pela imagem é, sim, um marketing dos mais eficientes.

Passo 33 – Acredite. 25% do seu tempo será gasto com marketing. Outros 25% com finanças/contabilidade/administração. Pesquisas internacionais mostram que os fotógrafos profissionais passam metade do tempo entre finanças, gestão e marketing. O que faz todo o sentido. Pois é isso que garante que ele continue de forma saudável vivendo disso. A proporção de tempo pode variar de caso para caso. Só que, normalmente, o fotógrafo que está bem, passa mais tempo colocando energia nisso. E os outros 50%? Se você acha que vai passar o resto do tempo fotografando, pense de novo. Porque, na verdade, clique é o que você menos vai fazer. Uma pesquisa recente com fotógrafos profissionais, na Inglaterra, mostrou que eles passam só 4% do tempo clicando. A edição e arquivo vão ocupar 20%. Redes sociais, site e rotinas digitais 10%. Pesquisa e reciclagem 6%. E outras tarefas 10%. Então, prepare-se para essas outras rotinas também.

Passo 34 - Não tem linha de chegada - isso quer dizer que é um processo longo. Que sua carreira terá altos e baixos, e que você terá que estudar e se esforçar muito. E mesmo que alcance a fama poderá ter que começar mais uma vez.

Passo 35 - Tenha objetivos e os coloque no papel. Pode parecer bobo, mas faz a diferença escrever e ter os seus objetivos sempre para conferir. Então, pare e faça essa lista com metas e objetivos. Você pode conferir de tempos em tempos ou deixar para ver em uma determinada data. Talvez seja bom ter metas para acompanhar no curto prazo e deixar para checar os objetivos com mais prazo. O importante é decidir o que você quer atingir e como. Sem sonhos ou objetivos, como você vai chegar aonde quer?

Passo 36 - Existe camaradagem, sim. Já vi e vejo grupos de fotógrafos que se ajudam e que trocam indicações de clientes, emprestam equipamento e cobrem o colega em emergências. Como formar essas alianças? Se relacionando de verdade. Provavelmente isso vai ocorrer no mundo real. Na troca de informações em eventos de fotografia e afins. Essa camaradagem pode ocorrer também com os parceiros correlatos que atuam no seu mercado. Como bufês, floristas, assessores e outros. O negócio da fotografia envolve emoção e isso pede contato e relacionamento humano o tempo todo. Não gosta de gente? É melhor procurar outra coisa.

Passo 37 - Escreva, poste, apareça. O fotógrafo tem que aparecer. Tem que falar de si mesmo e se mostrar. Isso pede que você escreva, filme, faça lives, faça enquetes. Use as ferramentas disponíveis no seu smartphone e já estará coberto nesse sentido. Se você não aparecer, como vão te encontrar? Se você é tímido ou tem dificuldade com essas postagens vai ter problemas. O negócio da fotografia pede que você tenha presença, lembra? E as redes sociais têm esse nome "social" por conta das pessoas e da sua capacidade de aparecer e de se relacionar. On-line ou presencialmente.

Passo 38 - Faça. Não adianta estudar, ler, ir a congressos, assistir e participar de workshops e cursos on-line se você não colocar a mão na massa. Você tem que fazer. Pode errar. Erre e ajuste, mas faça. Se ficar só na teoria, só vai gastar e não chegará a lugar nenhum.

Passo 39 - Teste e ajuste. Repetindo: faça, erre, ajuste, teste e faça de novo. O que deu certo ontem pode não dar certo amanhã e por aí vai. Se prepare para corrigir e mudar o percurso sempre. Porque as coisas mudam, o mercado muda, o comportamento do consumidor muda. E você tem que acertar isso toda vez que as coisas mudarem. Ou quando errar. E só vai errar se tentar e fizer. Assim como você aprende a fotografar fotografando, você aprende marketing na fotografia fazendo marketing.

Passo 40 - Indicação. Não existe marketing melhor do que o cliente feliz com seu negócio. O consumidor satisfeito. A satisfação do consumidor vai levar a mais indicações entre amigos e parentes daquele cliente feliz. 80% do marketing de bons profissionais do mercado são feitos dessa forma, com fregueses felizes e que indicam com frequência.

Passo 41 - Cliente satisfeito. A indicação virá do trabalho bem feito. Daquele prazo entregue antes, daquele álbum maravilhoso. Daquele dia que você superou as expectativas. O cliente satisfeito não acontece só na entrega do produto. É um processo que vai do primeiro contato até a experiência fotográfica e a forma como você é visto por aquele cliente.

Passo 42 - Ouça o cliente. Para que ele fique satisfeito, você também tem que fazer o que ele quer. Mesmo que ele não saiba o que ele quer, você terá que perguntar. Ajustando de acordo e criando para aquele cliente. É uma diferença gritante empurrar o que você faz para alguém ou criar algo que ele gostaria de ter. Algo personalizado mesmo.

Passo 43 - Seja "carudo". Se você não for cara de pau vai ter problemas. Com bom senso, claro. O que quero dizer aqui é que você deve ser vendedor. Se aproximar, oferecer, aparecer. Você terá que buscar as oportunidades estando atento em todas as situações que permitirem novos negócios ou parcerias. E acredite: elas aparecem nos lugares mais improváveis. Para tanto, você precisa estar atento e ser carudo. Ninguém vai te vender por você.

Passo 44 - Olhe para o que não é óbvio. Isso vale para desde uma parceria até um projeto. Tenha em mente que os parceiros podem estar em negócios similares das redondezas ou, talvez, só na internet. Vale para locações seguras e inusitadas. Vale para produtos diferenciados. Vale para experiências únicas. Isso tudo quer dizer: se você quiser cobrar mais e adicionar valor ao negócio terá que ser diferente. E só fará isso se tiver um olhar para aquilo que é inusitado.

Passo 45 - O produto é o mais importante. A obra final personificada. O produto é, na minha opinião, o elemento mais importante do marketing. É o que fica. É o que as filhas vão ver na parede ou no álbum. É a obra que vai passar de mão em mão e que as pessoas vão comentar e te indicar. Então tem que ser sofisticado mesmo sendo simples. Tem que ser muito durável e ter a mais alta qualidade. Tem que ser único. O produto é o que fará você cobrar mais e ser percebido com valor.

Passo 46 - A fotografia é sempre uma experiência. Boa ou ruim, a fotografia é uma experiência até quando você pega uma foto na mão e tem uma sensação. Ou quando passa por uma sessão de fotos no parque ou no estúdio. O consumidor não vai falar nada, mas ele terá uma percepção e muitas conversas mentais avaliando tudo o que você faz. Talvez seja uma boa passar pela experiência você mesmo com outros fotógrafos para entender como é isso. Só entenda que você vende experiências (boas ou ruins) sempre. E que isso se estende do primeiro contato pelo WhatsApp até a entrega do álbum.

Passo 47 - Não é só marketing digital. Não é uma coisa ou outra. Insira um "E" em tudo. Como assim? É fazer marketing e vendas. É usar Instagram e vídeos. É criar conteúdo e enviar e-mails. O marketing digital é só um dos mais de 80 tipos de marketing que existem hoje no mundo. É muito desafiador atuar como fotógrafo, mas tenha em mente que sem marketing e dedicando 25% pelo menos do seu tempo para isso será difícil ter sucesso e resultado nessa carreira. Só marketing digital não vai te salvar.

Passo 48 - Olhe para o smartphone. Tudo o que fazemos, do contato inicial no WhatsApp, ou no e-mail, no Instagram, ou no vídeo de divulgação, tudo passará pela visão do seu negócio pela telinha. As pessoas vão te ver nesse pequeno dispositivo. E você vai concorrer com a atenção de milhares de outras coisas dentro e fora dessa telinha. Então, sua mensagem tem que ser clara, direta e chamativa. E tudo isso sem ser apelativo. Você está presente no WhatsApp? Você é ágil nas respostas? Dúvidas de como ser atraente? Use a regra AIDA. Chamar a Atenção, criar Interesse, motivar Desejo e por fim levar à Ação. No Google tem em detalhes como fazer isso e nos últimos tempos incluíram um S de satisfação. Pois de nada adianta fazer a AIDA e no fim não ter um cliente satisfeito, porque assim ele retorna, te indica e isso é o mais importante.

Passo 49 - Não copie o coleguinha. Se inspire e observe, mas tente encontrar sua própria identidade. O sonho de todo fotógrafo deveria ser ter uma assinatura visual. Que as pessoas vejam sua foto e saibam que é o seu trabalho. Triste é ver tanta coisa igual a tudo por aí. Logo, o que ocorre? Se o consumidor vê tudo igual, a decisão será no preço.

Passo 50 - Não f.... o mercado. Coloque aqui um palavrão ou coisa parecida. Por favor, é na sua atitude que esse mercado vai crescer e evoluir. Não será baixando preço ou copiando o coleguinha que você vai se dar bem. Vai depender de você.

51 - Eu poderia colocar mais 49 dicas aqui. Vou parar na 51. Não só porque é uma boa ideia, mas também para te dizer que odeio caga-regras. Que você pode aprender tudo e depois jogar fora. Que isso vale tanto para o marketing quanto na fotografia. Então, crie sua própria lista de conduta. Mas, por favor, faça e aja como profissional. Você pode fazer a diferença, sim.

Ufa. Passei algumas dicas. Agora podemos começar esse livro...

Por que fazer um livro sobre marketing na fotografia?

Tenho a resposta simples e a complicada. A simples é porque não existe nenhuma publicação voltada para o assunto até agora. E não me parece mero acaso. Sabe por quê? Porque fotógrafos brasileiros não parecem se importar muito com negócios na fotografia. A resposta complicada tem a ver com a minha história. Sou filho de um empresário que começou com uma escola de fotografia em Curitiba (a FHOX começou assim) e cresci dentro desse negócio sempre ouvindo que fotógrafos não gostam, ou acham que não sabem (ou não querem mesmo) fazer marketing. Nas últimas duas décadas, me envolvi mais com essas questões de negócios na fotografia. O que quero dizer é que sinto que tenho uma missão em atender uma necessidade do ramo fotográfico nesse sentido. A comprovação da falta de interesse pelo assunto (ou seria desconhecimento?) é que as principais escolas de fotografia e até faculdades que formam fotógrafos no ensino superior não ensinam sobre o assunto. Curioso e assustador. Os dados oficiais indicam que 120 mil brasileiros atuam na fotografia no Brasil. Metade na informalidade. Trata-se de um número tímido e provavelmente distante da realidade. Isso porque não considera uma nova realidade de pessoas que estão vivendo de imagem e que fotografam e filmam com seus smartphones e usam as redes sociais. Não considera os entrantes que se dizem fotógrafos no Instagram e Facebook. Nossas pesquisas mostram que mais de um milhão de brasileiros se dizem fotógrafos (nem todos profissionais). Muitos sonham em viver da fotografia. Muitos já tentaram viver fazendo bicos e trabalhando de graça, fotografando eventos sociais de amigos e familiares. O motivo que me levou a escrever esse livro passa pela falta de uma publicação nesse sentido para o ramo fotográfico e que pudesse ser aplicado até para os mais experientes e outros negócios da fotografia. Pois no fim, sinto aquilo que você também sente. Somos todos fotógrafos. São mais smartphones do que habitantes no país e todo mundo fotografando e filmando o tempo todo. Dá para viver de curtidas e selfies? Você sabe a resposta. Este livro tem proposta prática, com passos e exercícios. Não poderia ser diferente lembrando que minha vivência neste mercado já é de quase duas décadas. E que sou sócio de uma das principais publicações de fotografia do Brasil. A FHOX tem 30 anos de mercado. Organizamos a maior feira de imagem da América Latina (feirafotografar.com.br), temos o site fhox.com.br e a revista digital e impressa. Temos quase 500 mil seguidores, considerando todas as redes sociais. Eu estou com um projeto que começou faz três anos batizado de Escola de Negócios FHOX. Ministrei dezenas de turmas presenciais e recentemente abri um novo braço desse negócio com o R.U.M.O., que é uma consultoria on-line com empreendedores de foto. Nesse meio tempo atendi empresários com décadas de ramo e gente começando só com conta no Instagram. Gente tentando encontrar um novo posicionamento e outros em busca de um novo caminho investindo na paixão pelas imagens. Vivemos na era da imagem e isso se mostra promissor. Só que ao mesmo tempo é desafiador. As mesmas pessoas que carregam smartphones podem achar que não precisam de um profissional para o aniversário ou casamento. Movimento, aliás, que ocorre nos Estados Unidos. Vivemos uma nova época de startups de fotografia que só perguntam que câmera você tem e te oferecem um trabalho digital que só precisa de cliques (já disponível no Brasil). Existem fotógrafos só de filme fotográfico e aqueles que criam Gifs e vivem muito bem disso. Tem gente criativa vivendo de criar filtros de realidade aumentada e filtros em geral para Instagram e Snapchat. O mercado da fotografia vai muito além de ser fotógrafo. Existem inúmeros segmentos como: formatura, newborn, nu, natureza, retrato, escolar e outros nichos como cabine de fotografia, drones e por aí vai. O ramo fotográfico é tão dinâmico quanto desafiador. Não espere aqui, portanto, palavras que só vão encorajar sua decisão de viver de foto. A concorrência é feroz e violenta. A banalização da foto é total e só avança. O digital tende ao valor zero e isso só cresce em tempos de crise e oferta ilimitada de fotógrafos. Todas as semanas surgem novos fotógrafos acreditando que poderão viver da fotografia só porque suas fotos serão incríveis e que eles ganharão prêmios, subirão em palcos e serão reconhecidos pelos colegas e clientes. O problema é que na semana seguinte teremos mais "profissionais" com os mesmos desejos. O que muitos (quase todos que começam) não veem é que o marketing é parte fundamental da nova trajetória. Que ele fará marketing mesmo sem querer. Pois, cada postagem, cada foto, cada sentença serão julgadas por clientes. Isso se os consumidores virem seu trabalho. No Brasil estamos com algo próximo de 100 milhões de usuários no Instagram. Não existem dados oficiais, mas não é preciso pensar muito para imaginar a quantidade de fotos postadas diariamente nessa rede social. O que será a sua imagem nesse universo de pixels? Claro, o marketing não vai salvar você de ser mais um no meio de tantos e nem vai trazer resultados imediatos. Para avançar e ter sucesso você terá que encontrar respostas. E é aí que entram as perguntas. Quais são as perguntas que farão a diferença para você ter sucesso? O que é ser bem sucedido deveria estar entre as questões importantes. Como criar um plano de marketing? Ou melhor, o que é marketing e como atrair e manter clientes. Veja que eu não disse como atrair e manter prêmios ou fama. São coisas distintas. São tantos profissionais bem sucedidos do mercado fotográfico daqui e de fora que estão longe dos holofotes "dos famosos de congresso e premiações". São muitas vezes profissionais que faturam bem e talvez mais do que muitos famosos da fotografia. E que não tem necessariamente milhares de seguidores. O que quero dizer é simples: seguidores, curtidas, palestras e workshops não representam sucesso real. Só algo aparente. Esse livro é para quem começa agora ou não. Pois talvez você esteja no mercado, mas quer um novo posicionamento. Talvez esteja procurando uma trilha com base em conhecimento real e que envolve algo bastante direto para você obter o que quer: trabalho pesado com esforço nos testes, na base da tentativa e erro para conseguir o que é necessário. Tudo muito bonito e bem longe de ser fácil. O que costumo dizer, presencialmente ou em palestras, eu vou deixar bem claro aqui: não tem fórmula mágica. Não tem receitinha mágica. O que funciona para o bambambam do curso on-line não vai funcionar para você. Pode até dar certo por um tempo. Mas não vai se sustentar no tempo. Por uma razão óbvia. Você tem que criar a solução para o seu negócio. Precisa construir sua jornada com algo feito para você e sua história. Você tem sua bagagem, sua vida e sua carreira para construir. Nenhum workshop, curso ou livro (nem esse) vai fazer isso por você. Vamos começar com o mais importante, então. O que é mesmo que eu não sei sobre o assunto deste livro? A resposta é constrangedoramente fácil de responder e nem por isso quer dizer que você terá a mesma facilidade para implementar depois de entender de uma vez por todas o que é marketing. E quais são as oportunidades e ameaças verdadeiras da fotografia. Minha missão com essa publicação é ajudar a responder perguntas e, aliás, sinto que vai além desse livro. Quero que ao fim você tenha as seguintes respostas.

1 – O que é marketing?

2 - Por que viver da fotografia nunca foi tão fácil e tão difícil?

Vamos responder essas duas perguntas neste primeiro capítulo. Serão cinco partes nesse livro. Este ponto que você está lendo é para entender exatamente o que é o marketing. Em seguida vamos responder à pergunta mais importante:

Como faço marketing para essa nova fase da fotografia?

Para responder isso, na parte 2 vamos falar do marketing 4.0. Na parte 3, dos 9 Ps do marketing na fotografia. Na parte 4, sobre o menor mercado viável e a sua conduta quanto ao ponto. Na parte 5 vamos fazer um plano de marketing simples para você começar. Cada módulo dessas cinco partes prevê exercícios. A sexta parte vai abordar livros para você estudar mais a fundo e um exercício R.U.M.O. final para você fazer e enviar para mim (se quiser e sem custo nenhum). Assim espero te ajudar nesse começo ou recomeço. Você está no caminho certo se está começando na fotografia investindo nesse conhecimento antes de comprar uma câmera e tentar os primeiros passos.

Sua foto também é marketing

Eu quero contar para você sobre uma coisa que aconteceu comigo em 2020. Na timeline do Facebook apareceu um fotão de uma fotógrafa que admiro. Nem precisei ver o nome dela para saber a autora. Eu estava prestes a descer meu feed para ver o nome e arrisquei um palpite: "é dela". Acertei.

Gostaria de dizer que essa cena é rotineira para mim e o mais importante... para os clientes. Na média, ou bem mais comum do que deveria ser aceitável, a regra geral é a repetição de estilos, poses e aquele padrão estético sem adicionar valor. Tudo igual.

Na essência, ter uma bela foto não deveria ser o melhor marketing que existe para o negócio do fotógrafo? Já que gera indicação, encantamento e satisfação para o cliente? Então, por que reina a mediocridade nas fotografias de casamento, newborn e família?

Voltando a assinatura visual. Quase sempre os grandes fotógrafos de qualquer estilo têm sim uma grife estética bem definida. Dispensam aquelas assinaturas medonhas com marcas d'água que mais parecem atestar insegurança artística. Vá lá que é uma forma de garantir seus direitos, mas como é feio ver o nome junto com a foto. E mais horrendo é quando a imagem é tosca e tem a comprovação escancarando o autor. Quase como se dissesse: eu fui o culpado por esse clique. Desculpe, minha opinião. Desviei do tema central, de como é desafiador criar sua identidade. Sobretudo na fotografia. Que pela definição da palavra deveria ser escrever com a luz... e já faz tempo que está mais para copiar com a luz.

Será que a culpa de copiar é da própria fotografia? Da nossa "arte" de reproduzir imagens acabamos presos na cópia da cópia da cópia. Escravos da mesmice.

Enquanto isso (no mercado) a luta pela venda dos trabalhos vai acompanhando em ritmo estonteante. Entramos em uma verdadeira espiral de valores descendente.

E assim temos as cópias e o preço seguindo juntos e de mãos dadas com um destino: o cliente na confortável posição de espera. Sentadinho. Esperando para escolher entre tantos trabalhos iguais, aquele que lhe oferecer o menor preço possível. Afinal, é tudo igual mesmo...

Isso só representa o que penso sobre estilo fotográfico. Esse livro não tem nada de técnico e nem é voltado para ensinar você sobre fotografia.

Obviamente você não vai atingir essa identidade e assinatura de forma rápida. Vai levar tempo essa jornada de construção da assinatura. Quem sabe fique até preso de tempos em tempos. O importante é entender que a assinatura visual é o melhor marketing que existe. E não, não é fácil. Mas vale muito a pena em investir nisso e conseguir responder à pergunta de uma forma positiva: será que eu tenho uma assinatura visual definida?

O que é marketing?

É simples responder a essa questão. A melhor definição que já vi diz o seguinte: marketing é a capacidade de atrair e manter clientes. Bem objetivo, não? Se antes já era difícil, o que dizer de hoje? Quando vivemos uma realidade em que o Instagram sozinho inventa uma nova função a cada duas ou três semanas. Novos tempos em que o próprio Instagram está sendo ameaçado nesse exato momento pelo TikTok (um app chinês que faz sucesso entre os mais jovens).

Você sabe quanto tempo tem o marketing? São 60 anos de história do marketing moderno. A verdade é que ele existe bem antes se considerarmos que as empresas já faziam seus esforços de atrair e manter clientes antes disso. A diferença é que o marketing de seis décadas para cá se organizou e se tornou uma disciplina ensinada nas escolas de negócios, faculdades, livros, cursos on-line, palestras, consultorias etc. Eu me formei em Marketing em 2000. De lá para cá tanta coisa mudou que o que aprendi serve para pouco. Por conta disso posso afirmar com 100% de certeza: você terá que estudar para sempre se quiser ficar nessa profissão (ou qualquer outra). A única certeza que temos é da mudança de tecnologia, de técnicas fotográficas e de avanços em tantas frentes do marketing e de outras condutas profissionais.

Vamos pular dez anos no tempo de quando me formei no marketing. 2010 não existiam redes sociais com tanta força como conhecemos. Foi o ano do surgimento do Instagram. Drones ainda não eram presentes. Se voltarmos para 2000, a fotografia ainda era analógica. Se voltarmos para 60 anos antes, o marketing era muito rudimentar. O marketing 1.0 era tão pouco sofisticado que basicamente a ideia era a seguinte: vender um produto.

Vendas, por sinal, temos que desmistificar aqui logo. Não são vendas. Marketing conduz às vendas e não o contrário. Já vi gente vendendo mais do que podia atender e acabou quebrando, inclusive. Vendas são orientadas pela estratégia do marketing. O marketing 2.0 definiu a resposta óbvia no começo deste capítulo. Era a forma de atrair e satisfazer consumidores. Era um marketing orientado ao consumidor e de fundamental importância para muito do que é feito até hoje. Aliás, boa parte das empresas e fotógrafos hoje atua nesse marketing ainda. O marketing 1.0 era enfocado só no produto e tem na sua essência a revolução industrial. A linha de montagem e em se fazer o máximo de um produto único sem uma preocupação com as demandas do cliente. Curioso é que podemos dizer que muitos negócios dentro e fora da fotografia até atuam dessa forma também. Quer uma prova? Quando o fotógrafo diz que aquele é o estilo dele e que não vai fazer o que o cliente quer. Quando a empresa que imprime fotos não ouve clientes e cria álbuns ou impressões sem ouvir os clientes. Quer mais produzir o máximo possível sem a preocupação com qualidade personalizada. A ideia é fazer o máximo com o menor custo e para a maior quantidade de clientes. Ou seja, as marcas, fotógrafos e muitas empresas do ramo ainda atuam misturando conceitos do marketing 1.0 e marketing 2.0. Com algumas variações. O problema de ficar preso nisso é que não existe nada de diferente. Lembrei aqui dos presets dos softwares de tratamento de imagem que são vendidos por fotógrafos internacionais ou daqui e que tornam todas as imagens com a mesma cara. Aqui fica claro o conceito do foco no produto (1.0). E se o cliente pede fotos do tipo lugar x foto (aquele tipo de foto espetacular em lugares bem comuns, que se tornou febre nas redes sociais), então está mais para um estilo 2.0 de atender e satisfazer uma demanda. Nesse caso, a tecnologia da informação já entra em cena.

O marketing 3.0 já é mais complicado. "Fazer do mundo um lugar melhor" é o lema. É aquele fotógrafo com uma causa e que gera um impacto no mundo. Anne Geddes criou um estilo reconhecido como newborn. Fotos de bebês recém-nascidos que criaram toda uma indústria. Curiosamente e, se não estou enganado, Anne não fazia ensaios para consumidores finais. Quando estourou ela vendia calendários e criava projetos e depois passou a investir em trabalho voluntário e causas maiores. Quando a entrevistei alguns anos atrás, aqui no Brasil, (uma honra que devo a ABFRN e suas fundadoras Simone Silvério, Dani Margotto, Carla Durante) ela estava por essas bandas justamente para falar dessa causa com atletas paraolímpicos. Fazer do mundo um lugar melhor. Sebastião Salgado pode ser muito criticado por fotógrafos que dizem que ele recebeu dinheiro de grandes empresas e que vive das fotos de pessoas desgraçadas ou que cria fotografias de assuntos com apelo sensacionalista. O fato é que o marketing 3.0 dele é bem evidente. Livros que mostram causas universais como a

Natureza, povos indígenas, destruição do mundo pelo homem, a vida selvagem e por aí vai. Enquanto o marketing 1.0 se volta para o desenvolvimento do produto, o marketing 2.0 se volta para diferenciação e o 3.0, de Salgado, é indicado para valor. Se você está começando na fotografia e tem a sensação de que talvez não se veja encaixado em nenhuma dessas frentes, ou pode se ver em diferentes frentes a partir do negócio que tem hoje, vai aqui um primeiro exercício para você: onde se encaixa o marketing hoje? Importante entender isso respondendo assim:

Meu marketing é do tipo _____. Você pode responder "não sei", que não existe problema. Sobretudo se começou faz pouco tempo e não tem certeza. Você pode voltar para essa questão daqui um tempo. O que não dá é não entender que você terá um posicionamento no marketing, quer você queira ou não. Você vai fazer um dos tipos de marketing em termos de conceito de aplicação. Ou vai só vender seu produto e ser unidirecional do jeito que você quer e sem ouvir ninguém. Ou vai vender algo para satisfazer vontades e anseios específicos dos clientes e ser bidirecional. Ou terá um foco em valores e fará algo multidirecional.

O que é marketing II?

Segundo Seth Godin, o marketing é tudo. O texto que você escreve, o post no Facebook, o vídeo no Stories. O jeito que você se veste ou fala. Seu posicionamento em grupos de WhatsApp ou presenciais. Sua participação em eventos e conversas com parceiros. O jeito que fala ao telefone. Tudo é julgado por quem vai comprar de você. Nesse ponto você pode dizer: que exagero. Experimente tentar vender para um casal de ricos vestido de uma forma que não tenha relação com o estilo deles. Se bem que isso vale para outros tipos de casais também. Tente vender sessões fotográficas para clientes escrevendo errado. Eu sei que você pensa que suas fotos falam mais alto e que você é um artista e que isso já é o bastante. Eu sinto em dizer. Não é o bastante. Não mesmo. Mas você pode refutar tudo isso como quiser. Só se lembre: de qualquer forma vão te julgar. Porém, isso não quer dizer que você não pode ter seu perfil com identidade própria. Que não pode imprimir uma marca muito pessoal em tudo o que envolve seu negócio. Pode ser que dê certo. Pode ser que não.

Vamos dar uma sacudida nessa parte para que as coisas fiquem muito claras. Imagine que você leu essa parte acima que diz que tudo é marketing e decide mudar algumas coisas no seu negócio. Vamos imaginar que seu concorrente mais próximo também leu e fará o mesmo. Qual vai ser a diferença que fará um cliente comprar de você e não dele mesmo? Bingo, fotografia. Calma, que talvez não. Talvez o cliente esteja duro ou seja sovina e tenha a exata noção de que "hoje em dia todo mundo é fotógrafo e existe o Get Ninjas (se não conhece, vá conhecer pois dá para cotar fotógrafos online e escolher o mais barato)". Bingo, então é preço mais em conta. Eu gostaria de te dizer que é a fotografia que vai fazer a diferença. Talvez ela venha a ser diferencial quando você tiver uma marca posicionada tão fortemente que o consumidor vai perceber valor. Mas isso é coisa de Anne Geddes e Sebastião Salgado. Lembrando que um livro de fotografia do Salgado custa bem caro. E tem opções baratas de artistas sem a mesma grife. Então você pode indagar: o que você está me dizendo, Leo, é que a assinatura em algum momento é mais importante que a foto? Eu arrisco dizer que sim. Creio que faz uns bons anos que fizeram um teste ousado. Um usuário do Flickr postou uma foto do Cartier-Bresson e colocou sua assinatura na foto. Postou em um grupo da comunidade para entrantes e foi detonado quando pediu feedback. Quando apresentou o real autor disseram que era um mal-entendido. Alguns começaram a dizer que de fato era genial. Pesquisas já comprovaram que a indicação do autor faz sim a diferença no valor da obra. Espera que eu fugi do tema central. O marketing, seja ele 1, 2, 3 ou 4.0, não vai te fazer diferente. Ele vai ajudar se você encontrar sua personalidade e aproveitar o que tem de você e de único para destacar seu negócio. A verdade é que se somos julgados por tudo o que fazemos e pelo que somos e tudo isso é marketing, logo, as pessoas compram pessoas. Que belo jargão e é a mais pura realidade. Um famoso fotógrafo de casamento que atuava em São Paulo fazia o tipo boa pinta, elegante, charmoso e encantava as noivas. O trabalho dele era bacana. O posicionamento irretocável. Ele se perdeu, sabe por quê? Porque não se reinventou. Ficou preso na fama do passado e uma nova onda de profissionais chegou para engolir o conceito de marca que ele tinha. Uma nova geração. Fazia sentido naquele momento do mercado. O mais curioso é que os fotógrafos que o engoliram em nova fase (me comprem pelo que sou) foram engolidos pela novíssima geração. A resposta envolve preço baixo pela disponibilidade extrema de fotógrafos com fotos boas o bastante e uma pegada jovem e moderninha, com apelo para a era Instagram. O fotógrafo famoso e charmoso se perdeu pelo peso do legado e pelo cansaço. E ok, você e os produtos têm ciclos. A gente cansa dos produtos, das músicas, das coisas e das pessoas. Ou elas se reinventam ou se perdem. Deve ser por isso que o Instagram mudou tanto de 2016 para cá, não?

O marketing depois da fase 1.0 evoluiu para desenvolver o STP. Segmentação, Target e Posicionamento. Super importante, o STP alinha o marketing mesmo hoje. Como funciona? Antes de definir todo o marketing você precisa definir o público. E, para isso, deve filtrar como será a sua atuação. Você vai atender ricos, mulheres, jovens etc. Essa é a parte da segmentação. Definido isso, você escolhe o alvo. O target é onde você irá atacar. Se escolheu mulheres, talvez tenha que atacar com anúncios no Instagram para esse grupo. Talvez em uma loja parceira de roupas femininas. O Target é onde encontrar. O posicionamento é a sua expressão de identidade da marca. Você e sua posição que será percebida. Você é luxo, é clássico, moderno etc.

Veja que STP alinha tudo para a criação da próxima etapa do marketing que é o composto dos 4Ps. Produto, Praça, Promoção e Preço. Fotógrafos sem fazer a parte da segmentação, alvo e posicionamento gostam de partir logo depois de comprar a câmera para a promoção. Eu fico intrigado como um "profissional" vai promover algo que nem sabe direito o que é. E aí você vê aquelas postagens e parcerias bizarras. Um fotógrafo famoso que se vende como exclusivo postou faz pouco tempo nas redes sociais uma ação com preço. Ele se vende como diferenciado e me põe preço no Facebook dizendo que surgiu "agenda extra" e que custa x. Por favor, o posicionamento dele é do desespero. Nada errado em colocar preço se esse é seu posicionamento e sua segmentação e alvo. Existem clientes caçando preço, lembra? Peço mais um exercício ou reflexão para você: não se promova sem antes fazer o STP e definir o composto de marketing. Quer uma ajuda? Vamos lá...

O marketing de 2000 para cá trouxe algo imutável. É o composto de marketing. Basicamente ele é fundamentado em 4 P's. São eles: produto, ponto, preço e promoção. O clássico do marketing serve para balizar seus esforços depois que você definir a segmentação, alvo e posicionamento. Importante destacar aqui: tudo o que estamos abordando agora será apresentado a você na parte dos exercícios e quando, ao final, você formular seu plano básico de marketing. Importante 2: o que fazemos hoje em termos de estratégia e plano de marketing muda o tempo todo. Então, o que você definir ao final da sua criação não será fixo para o ano todo. Deve ser avaliado e ajustado de tempos em tempos.

Vamos avaliar cada P e sua importância? O P de produto para mim é o mais importante. Ele é crucial porque existe uma máxima que diz: não existe marketing bom de produto ruim. Eu concordo completamente. Frases como "marca de tradição" ou "temos qualidade" costumam acompanhar produtos banais iguais a todos os outros concorrentes. E muitas vezes até pior. É aquele marketing mais rasteiro que só serve para mostrar que você fez algo, só por fazer mesmo e que não terá resultados efetivos. Um item relevante sobre produtos: são coisas que são vendidas e vale inclusive a sua fotografia nesta oferta. O produto é o álbum, o porta-retrato, a foto no papel, o vídeo, o serviço de impressão, a foto na parede, a decoração com fotos que você fez para o cliente na festa, a fotocabine com suas fotos impressas na hora. O produto aqui vale como o próprio serviço em si. Deve ser por essa razão que considero o P, de produto, o mais fundamental na estratégia e para que você tenha sucesso. Perceba que isso representa que aquela sua preocupação em ter fotos incríveis é justificada. Contudo, fotografia bonita ou artística é algo subjetivo. Ou seja, depende do gosto de cada um. Você se lembra da segmentação? Pois bem, encontrar clientes que consideram seu trabalho belo é muito valioso. Traduzindo: suas imagens são marketing. Aquele post seu no Instagram é marketing. Tome cuidado com o que você posta achando que é só um post nas redes sociais. O produto será alinhado com a segmentação, com o alvo e terá a representação do seu posicionamento. Uma fotógrafa de casamento diz ser exclusiva e sofisticada. Embora na prática ela faça álbuns comuns e tenha uma embalagem sem diferença nenhuma em relação aos concorrentes. Conheço fotógrafos que fazem certificados com seus álbuns para entregar aos clientes. Em embalagem exclusiva. Uma vez fui atendido por uma fotógrafa de família que até escolheu as fotos e me surpreendeu com o álbum final. Ela é a artista e sabe o que está fazendo. Ela tem um posicionamento claro sobre isso. Produto no novo marketing 4.0 é diferente do tempo de "só vender" para alguém o que você fez. Vamos abordar isso no capítulo do marketing 4.0. Produto justifica seu preço, produto é personificação das fotos em algo que ficará por gerações. Portanto, se você só vende ou pensa em vender algo 100% digital, tome muito cuidado. Não digo que seja impossível ser um fotógrafo sem fotos impressas. Pois já tem gente vendendo ensaios para imagens para as redes sociais. Agora, memórias de família, fotos de casamento, newborn, formatura, 15 anos e por aí vai... essas pedem e precisam de álbum e de foto no papel. Como diria Sebastião Salgado: fotografia é no papel. Fotos só de smartphone são outra coisa, uma forma de comunicação. Quem sou eu para discordar de um dos maiores vendedores de livros de fotografia e que faz algumas das melhores exposições de fotografia do mundo. Tião sabe muito bem do que está falando. Será que ele chegaria aonde chegou se ficasse só no digital? Acho que você imagina minha resposta. Mas se nada disso funcionar para você entender o valor do produto real, físico e impresso, serei obrigado a te convencer no quesito que sei que será muito sensível para você. Preço.

Sem produto real e bem feito esqueça preço justo. Como disse no começo deste capítulo. A tendência do digital é valor zero. Veja o exemplo da Netflix, Uber e Spotify. Dois deles (Uber e Netflix) operam no vermelho porque cobram valores baixos para ganhar no volume e no tempo. E no último ano operaram com o caixa no negativo e totalmente na base de capital para girar o negócio. Aportes bilionários para manter suas operações atuando. Você pagaria 100 reais por uma assinatura de Netflix? E o que dizer desse livro digital como esse que você está lendo? Nesse caso fiz uma concessão, pensei o seguinte: "Trata-se de uma obra única sobre marketing na fotografia, mas quero que chegue ao maior número possível de entrantes, iniciantes e estudantes de fotografia." Quem está buscando posicionamento ou se reposicionar não tem 100 reais para comprar um e-book. Veja que esse era o cálculo que eu tinha em mente quando terminei a publicação. Preço não é algo simples e envolve outras dinâmicas. O que quero dizer com os exemplos acima é que o que é digital e não te dá posse total não consegue ser caro. Não deveria ser. Agora, se esse livro tivesse uma capa dura, em papel especial etc., eu poderia cobrar 150 reais? Talvez sim. Talvez eu faça isso em uma edição especial impressa daqui um tempo. Quem sabe? Tenha em mente o seguinte. O produto físico justifica e valoriza o preço. Se quiser cobrar mais, você terá que olhar para isso, o produto impresso, com muita atenção.

A batida frase que as pessoas não sabem a diferença entre preço e valor me parece confusa. O que é valor? Está bem dentro da mesma ótica subjetiva do que é arte e o que é belo ou não? Concorda? Começo falando do P de preço com uma pergunta: fotografia é luxo? Para a maior parte das pessoas do Brasil eu diria que sim. São comuns os casos de famílias que dispensam fotógrafos para registrar o evento porque os convidados irão enviar as fotografias de smartphone depois. Alguém acredita que esses cliques serão bons? Mas saiu de graça, não? E daqui 30 anos aquelas fotos dos convidados em um álbum colaborativo virtual poderão se tornar um pesadelo das memórias daquela família. Aí, é luxo ou fundamental? E aquela família ficou sem memórias básicas? Fotografia é um item supérfluo, sem dúvidas. Fotógrafos experientes gostam de dizer que álbuns e fotos são as únicas coisas que realmente ficam de um evento, como formatura, casamento etc. Não estou contestando o que os profissionais querem dizer. Pesquisas na Europa e Japão comprovaram que álbuns de fotos são as primeiras coisas que uma família buscaria em caso de incêndio. O desafio para o nosso mercado é manter o produto com valor e conseguir cobrar bem por isso, quando a oferta de fotógrafos baratos só cresce. E pior: a sensação percebida dos consumidores finais é de que fotografia é muito fácil e sem valor. Preço e valor estão diretamente relacionados. Aqui entra a sua capacidade de mostrar e comprovar que faz algo diferente. Quem te ajuda nisso? É o marketing. Preço que vamos abordar no marketing 4.0 é reflexo dos outros 3 P's. Se você não tem produto, ponto e promoção consistentes, esqueça o preço. Faça o teste. Pesquisa no Google "sessão de fotos baratas" e veja o que vem em termos de fotografia e produtos oferecidos. Preste atenção na divulgação e no perfil do profissional. Você verá que são bem rudimentares e misteriosamente similares nas ofertas, textos e na qualidade das fotos. Eu falei de produto, falei que preço depende dos outros P's e não falei do Ponto e Promoção.

Vamos começar pelo Ponto ou Praça. Antigamente, um negócio era obrigado a ter um local físico. Hoje sabemos que é bem diferente. De novo, no marketing 4.0 vamos esmiuçar isso. Estou mastigando essa parte para você entender os conceitos básicos do marketing para depois avançarmos nos detalhes mais sofisticados. Ponto é onde você atua fisicamente. Era assim, e ele também é tão destacado quanto os outros P's. Na fotografia, o Ponto entra na hora da sessão no estúdio. Da experiência na hora dos cliques. Na hora de você atender um cliente para fechar um contrato. Onde vai atender um casal? No café da esquina, no seu escritório ou no Skype? Ponto físico ou virtual serve para posicionar seu negócio e traz os mesmos pontos que discorremos anteriormente. Você precisa ajustar o P de Ponto quanto ao posicionamento, alvo e segmentação. E como ele vai se equilibrar com Preço, Produto e até na sua Promoção. Na prática, hoje vemos a maior parte dos fotógrafos sem um ponto físico e atuando com site e redes sociais. Indo até a casa do cliente ou fazendo contatos em locais neutros, como cafés e coworkings. Para que ter um estúdio ou escritório e arcar com custos fixos se você não precisa disso? Pois, você sabia que alguns dos melhores fotógrafos daqui e de fora tem um espaço físico e fazem questão desses locais? Vamos abordar isso no detalhe mais à frente.

Enfim, chegamos em P de Promoção. Fotógrafos que começam no mercado gostam de pular direto para promover o negócio sem ter definido STP e qualquer outra parte do marketing. Depois apelam para preço junto com promoção. É a receita certeira para o fracasso e cada vez mais comum. Promoção mudou tanto em 20 anos. É a forma como você chega com sua mensagem para seus clientes e potenciais clientes. Não, não é só Instagram e WhatsApp. Não é só mandar e-mails para prospects e gerar leads para depois massacrar contatos com e-mails para relembrar seus ex-clientes que você continua vivo e operante. A promoção deveria ser a penúltima coisa a ser trabalhada no composto do marketing. Pela ordem: cuidado com o produto, defina o ponto, acerte o preço e promova. Dá para inverter essa ordem colocando promoção na frente do preço. Mas é só. O que ocorre é que o marketing mudou de forma estonteante nos últimos anos que só o STP e os 4 P's não servem mais para alimentar seus esforços no marketing.

Daí surgiu o marketing 4.0 e eu, em conjunto com a FHOX, vamos definir os 9 P's do marketing na fotografia. É sobre isso que vamos falar no próximo capítulo, entrando em cada detalhe com muita informação. Mas antes quero que você faça esse exercício: qual é o seu STP? É composto de marketing? Vamos lá e responda:

1 – Eu atendo ou quero atender pessoas com o seguinte perfil _____ (isso aqui é segmentação).

2 – Eu vou atingir esse público como? _____ (isso aqui é o alvo)

3 - Com base no perfil do meu público e no target devo me posicionar (quero que os clientes me vejam da seguinte forma) como?_____ (isso aqui é posicionamento).

Meu composto do marketing é:

Produto: o que ofereço e quero oferecer _____

Ponto: eu tenho um espaço físico ou virtual _____

Promoção: eu apareço ou vou aparecer para meus clientes _____

Preço: vou cobrar quanto pelo meu tempo e produto e serviços?_____

Você pode dizer que não sabe fazer esse exercício, mas gostaria que tentasse (faça na base da imaginação ou no melhor chute que puder dar). Nem que tenha que imaginar. Essa dificuldade vai ajudar a enxergar suas primeiras deficiências ou a mostrar que seu negócio talvez já tenha coisas bacanas em termos de marketing.

Antes de entrarmos no marketing 4.0 e suas definições para a fotografia quero esclarecer alguns questionamentos. Ou resumindo: respondendo perguntas dolorosas e tão comuns na fotografia.

1 - O mito do marqueteiro: se é bom de negócios não é bom fotógrafo? E, se sou um grande artista, não consigo ser bom de negócios?

Existe um clássico que indica isso. Que se o fotógrafo vai bem em vendas e no marketing é porque ele não é um grande fotógrafo. Na verdade, nem fotografia ele manja direito. E vice-versa. Não tenho a resposta precisa do motivo disso ocorrer. E não é só na fotografia. Parece envolver qualquer ofício mais criativo. Caso de literatura, desenho, música etc. "O cineasta é muito comercial e se vendeu ao sistema." "Aquele músico é caça-níquel", "aquele escritor só escreve livros para vender". Veja que não estamos sozinhos nessas atormentações. Você sabia que Pablo Picasso era rico? Foi um gênio da arte que enriqueceu. Começo falando dele para quebrar essa ideia de artistas miseráveis. Estamos falando de um gênio. A biografia de Leonardo Da Vinci mostra que ele se vendia dizendo que fazia coisas que não fazia. O começo do livro trata justamente disso, quando ele fez marketing para tentar vender os serviços para algum nobre da época, quanto a equipamentos de guerra. Robert Capa, o lendário fotojornalista de guerra não tinha esse nome originalmente. Capa teve uma história incrível na fotografia. Na verdade, o nome Robert Capa foi uma invenção da alemã Gerta Pohorylle (também conhecida como Gerda Taro) e Endre Friedmann (húngaro). O casal fotodocumentarista de guerra mais famoso desenvolveu um produto na história de um fotógrafo que teria vindo de Nova York para atuar na Europa. Até nesse ponto do fotojornalismo o marketing teve seu papel de importância. Talvez esse fim trágico tenha reforçado uma citação que batia com o produto. "Se sua foto não está boa é porque não chegou perto o bastante". Lembre-se de que não existe marketing bom de produto ruim. Capa, Picasso, Da Vinci... e tantos outros artistas geniais eram grandes marketeiros. Quanto ao segundo questionamento na mesma pergunta: se sou bom de negócios não posso ser bom fotógrafo? Pode sim. Quem diz se você é bom? Seus colegas, concorrentes? Se for por conta deles, esqueça. Essa afirmação perde força. Agora se for algo que seus clientes reclamam, aí precisamos repensar.

Eu não sei fazer marketing? E por isso você não vai tentar? Vai desistir? Marketing não é ciência exata e é feito na base de teste e acerto. A melhor forma de aprender o marketing é fazendo mesmo. E você vai errar sim e fazer até acertar. Grandes marcas erram e não param de tentar. Fotógrafos consagrados erram e não param de tentar. Se você está lendo isso é porque quer fazer. Então, por favor, volte para o último exercício. Tome coragem e comece a fazer seu marketing.

Fotógrafos devem só fotografar? Eu sinto te dizer. Mas a parte dos cliques é mínima comparada com a rotina geral. Fiz uma matéria sobre isso em 2019. Uma fotojornalista norte-americana premiada disse que dedica 25% do tempo dela ao marketing. Não estou falando de fotógrafa de família ou de casamento. Mas alguém que atua para grandes jornais e portais dos EUA. Aliás, metade do tempo dela é dedicado a marketing, finanças e contabilidade. A fotografia fica na outra metade. Os cliques são uma parcela mínima do negócio. Eu sinto te desiludir sobre isso. Mas é verdade. Se você quer viver de fotografia vai ter que dedicar 25% ou mais do seu tempo em atrair e manter clientes. E faz todo sentido. Do contrário, como você vai clicar mesmo?

Eu preciso de muitos seguidores e tenho de fotografar todo mundo? Aqui cabe um alerta. Curtidas, seguidores e redes sociais devoram nosso tempo. Não pagam as contas se você ficar vidrado nas métricas de vaidade (justamente aquelas que afagam seu ego). Eu espero, de verdade, que você entenda que mais vale mil seguidores onde 500 podem comprar de você em um ano do que 15 mil onde 50 talvez comprem de você e outros 10 mil só estão lá para curtir suas fotos ou caçar inspiração. No capítulo sobre menor mercado viável vamos falar disso.

Marketing é enganação? Não, de forma alguma. É o que faz seu negócio crescer e você se sustentar. Dentro do seu posicionamento podemos inserir dois pontos ultrarrelevantes. Você deve ser profissional e ético. Aliás, ética é uma palavra associada ao que é profissional. Usar marketing é parte da conduta e rotina dos melhores fotógrafos do mundo. Pontualidade nos prazos, cumprir o que prometeu, entregar até mais do que o esperado. Criar o que há de melhor para seus clientes. Seja ético, transparente e profissional. Se fizer isso tudo, o que envolve seu marketing não será enganação. Muito ao contrário, será algo que vai elevar seu nível e ajudar a atrair mais clientes e mantê-los por perto.

Em 2019 e nos anos mais recentes vimos alguns dados alarmantes. Os fotógrafos entrantes estão durando menos tempo no mercado. Antes duravam 24 meses (em 2009), hoje duram 1 ano e olhe lá. Outro problema recente é a explosão na quantidade de notícias mostrando fotógrafos que se dizem profissionais e que estão sendo processados pela qualidade do trabalho entregue. Ou dando calote em clientes na hora de entregar as fotos. Ou faltando em festas. Isso vale para casamento, newborn, aniversário e formatura. Acho que nem preciso dizer: quando isso ocorre é o fim do negócio. É antiprofissional. O que não tem nenhuma relação com os que saem mais rapidamente do mercado. Saem porque entraram achando que a fotografia é vida de status. Que vai viver festando, que vai ganhar muito dinheiro fácil, que vai ter trabalho de sobra, que vai ganhar prêmios e que essas premiações vão garantir algum ganho no mundo real, que vai ser uma celebridade e por aí vai.

Ser fotógrafo profissional dá muito trabalho. Não é um mercado dos sonhos. É ameaçado por robôs e pela tecnologia. Existem muitas oportunidades, lógico, mas está longe de ser um ofício de vida fácil. Sem falar que muitas vezes você não terá fim de semana e não terá garantias de renda. E terá que lidar com uma rotina de ter que fazer tudo por conta própria (marketing é só uma das tarefas, ok?). O que quero dizer é: se você ama fotografia, ótimo. Espero que ame muito, pois isso vai ajudar na hora que as coisas apertarem para o seu lado. Pode sim ser fabuloso e tem gente que ganha sim um bom dinheiro. E chegaram lá depois de muitos anos de trabalho e de altos e baixos. E continuam batalhando muito. Lembrando que você terá o privilégio de fotografar os momentos mais felizes das vidas das pessoas. E que estamos numa fase em que a imagem é a língua forte no mundo. Todos precisam de retratos belos e precisam de serviços de fotografia de alto nível. Todos vão se casar, ter filhos e celebrar conquistas. Espero que você supere os desafios e clique cada uma dessas memórias valiosas. Espero que você use o marketing como ferramenta para valorizar o que faz. Talvez você não acredite nisso que estou escrevendo aqui.

As desculpas mais comuns de quem não quer fazer marketing

Em três anos de turmas presenciais da Escola de Negócios FHOX, o que mais ouvi foram desculpas. Separei aqui as mais comuns para você. A primeira delas, aliás, é de achar que você não faz marketing. Porque você faz mesmo sem querer. Já que as pessoas observam, julgam e avaliam tudo o que você diz, posta, entrega e de como você se apresenta pessoalmente. Tudo o que você faz é marketing.

1 – O problema é que eu não sei fazer marketing. Ou variações da mesma frase: não sei o que é marketing, não entendo marketing etc. Quando na verdade, o composto faz parte do negócio (sempre!), você faz marketing, sim. Só não faz se não tiver começado o negócio. Se bem que pesquisa de mercado e planejamento também estão na lista de itens das tarefas de casa para quem está pensando em começar na fotografia. Como disse no começo do texto, o cliente julgará cada ponto do seu negócio. Da fotografia até a forma como você fala, se veste e escreve. Ou seja, tudo é marketing, inclusive a sua fotografia.

2 – Meu problema é o preço! Logo que acontecem os primeiros problemas é o preço o culpado. Estou muito caro! Meus concorrentes cobram pouco. Os clientes não estão dispostos a gastar. A culpa é da crise. São algumas das

justificativas de quem está com problemas. E são louváveis, mas a culpa não é do preço. O que identificamos é um composto do marketing que inexiste de forma estruturada. O negócio de fotografia não tem definido claramente as questões como produto, ponto (digital e físico), promoção (digital e física) e o preço. Sem um ajuste desses "P's" não há como melhorar o preço. Ou criar uma estratégia para compensar as perdas. E sim, dá para baixar o valor desde que exista uma estratégia definida (como produto de ataque e outras iniciativas).

3 – O problema é a minha concorrência! Fotógrafo e negócios de fotografia em geral gostam de delegar o problema para terceiros. E normalmente o "pepino" é da concorrência. Obsessão com os competidores e baixar preço porque o concorrente baixou é a destruição do mercado. Copiar produtos ou estratégias é nivelar por baixo. É destruir valor e marca. Claro que é importante acompanhar os movimentos da concorrência, só não vá ficar mais preocupado com o que os outros fazem e não fazer nada quanto a isso.

4 – Não sei usar as ferramentas de promoção! Se promover não funciona como antes é porque as plataformas mudam constantemente e porque cobram e porque empreendedores da fotografia muitas vezes querem fazer promoção antes mesmo de ter produto diferenciado, preço ajustado e uma estratégia promocional alinhada com o composto completo do marketing.

Fotógrafos por exemplo, são vaidosos. Amam suas fotos e querem divulgar antes mesmo de definir um posicionamento promocional.

5 – Não tenho objetivos e nem um propósito. Como saber aonde quer chegar se não existem objetivos definidos. Como desenhar um caminho se você nem sabe quem você é. Aqui não entra baboseira motivacional. A ideia é de reconhecer seu próprio perfil, um processo de autoconhecimento para criar uma marca, reposicionar o negócio e acertar as estratégias e plano de marketing de acordo com esse perfil. Como é que o fotógrafo vai atuar com criança se o que ele curte mesmo é natureza? Saber o que você quer e qual o seu propósito na fotografia vai fazer toda a diferença. Esse é o item 5, mas na hora de botar a mão na massa deveria ser o primeiro da lista.

6 – Meu produto não encanta. Não existe marketing bom de produto ruim. E isso começa pelas fotos criadas, serviços, experiência atrelada ao produto. Prazo de entrega, embalagem e tudo o que está envolvido com o produto. Pode ser o álbum, itens extras e afins. Seu produto "fotografia" é diferente de fato ou igual ao do concorrente. Se o produto que você entrega é mediano ou ordinário, você vai ter um precinho ou preço médio. E depois não adianta ficar reclamando. O produto impacta no preço, no propósito, na luta com os concorrentes etc. Ter um bom produto é crucial no sucesso do

negócio. E de novo, sempre pode e deve ser ajustado constantemente. Para melhor, claro.

7 – Minha presença é inconsistente. Presença é ponto (digital+real). O ponto hoje não representa mais só o espaço físico. Na verdade, consideramos a presença digital combinada com o ponto de venda real. Se o fotógrafo ou a empresa não conta com ponto físico (e-commerce) isso deve ser levado em consideração. Ponto é presença. Digital e físico. A integração é relevante e importante no composto do marketing.

8 – Eu não consigo administrar tudo. O desafio é a integração. Conseguir fazer tudo, ser fotógrafo, vendedor, administrador e ainda gerir o marketing. E olha que a gestão do marketing envolve uma série de outros fatores. Como vendas, planejamento, pesquisa, atendimento etc. É muito difícil cuidar de tudo isso. Só que se quiser viver disso, terá que gerir tudo.

9 – Eu acho que ser marketeiro é deixar de ser fotógrafo! Hoje, com esse mercado competitivo em crise, na verdade é o contrário. Se você não fizer marketing vai deixar de viver da fotografia. Só não será assim se você faz por prazer e pela arte em si. O equilíbrio entre criatividade e negócios é possível. Pode não ser fácil, mas existem inúmeros exemplos que comprovam isso.

10 – Antes dava certo e agora não dá mais! O que funcionava antes não quer dizer que vai continuar funcionando. Aliás, o marketing pede ajuste frequente. Você tem que ajustar de tempos em tempos. Isso vale para os 4 P's e toda as outras partes do marketing 4.0 (e dos 9 P's do marketing na fotografia).

O que é o marketing 4.0?

O que é marketing 4.0? Na verdade, é o mesmo marketing de antes. A capacidade de atrair e manter clientes. O que mudou nos últimos dez anos é que avançou a tecnologia. O marketing agora é em tempo real. 2010 foi o ano do surgimento do iPad, pouco depois em 2011 a Apple lançou o iPhone 4 que revolucionou de vez em termos de design e conectividade. O smartphone da Apple foi revolucionário, inclusive para os apps como Instagram e para a própria forma de nos relacionarmos com as coisas. Depois, outras marcas avançaram e a conectividade aumentou. A diferença é que agora temos uma velocidade de conexão muito maior e isso vai crescer com a chegada a partir desse ano do 5G. O 4G já fez muito pelos vídeos ao vivo e pela forma como pesquisamos produtos e serviços nos locais onde estamos. A forma como publicamos, opinamos, compramos e nos relacionamos com as marcas também mudou muito. Então, só o marketing tradicional e os 4P's e STP não servem mais. São importantes, contudo, não é mais o bastante. Então vamos ao marketing 4.0.

O marketing 4.0 é um conceito criado por Philip Kotler, considerado o grande guru mundial do marketing moderno. Nesse livro vamos seguir as indicações de Kotler e de outro mestre, Seth Godin. Godin é considerado um guru do marketing moderno. Ele criou conceitos como marketing da permissão e a ideia que iremos abordar mais à frente do menor mercado viável. O marketing 4.0 tem os mesmos 4 P's só que mudou a maneira como cada item se comporta.

Produto segue crucial, só que agora sua base é na cocriação. O consumidor ou prospect vai criar com você. Um exemplo: uma fotógrafa de família pergunta aos seguidores no Stories do Instagram qual tipo de ensaio gostariam de fazer. Pergunta o tempo de duração, se é externa ou no estúdio, se tem tema. E por aí vai. Isso é um exemplo claro de cocriar com seus clientes. Ouvir a história do casal e personalizar o álbum com algo importante para a noiva. Cocriar a história, personalizar o produto de acordo com as necessidades do cliente. Ou como Seth Godin diz: crie um produto para seus clientes e não tente vender seu produto para eles. As pessoas querem algo com a cara delas. "Eu quero fotos com a minha essência." "Eu gostaria de um ensaio dentro da livraria, com minha família, porque gosto de livros e minha mulher e minha filha também." Resumindo: o Produto cocriado é feito em parceria com quem te contratou. Você precisa ouvir o cliente. Você vai ter mais trabalho para fazer o que ele quer. Só que poderá cobrar melhor por isso.

Preço virou recorrência. Netflix vem à mente. Mas poderia ser assinatura de revista, de um clube de vinho, de qualquer produto ou serviço que você tenha que pagar mensalmente. A Polaroid, lá fora, criou um serviço de assinatura de filmes instantâneos. Os clientes escolhem quantos filmes querem receber por mês e pagam uma mensalidade por isso. A empresa garante renda mensal. Preço recorrente já existe em vários segmentos da fotografia. A fotógrafa de família que faz acompanhamento de bebê desde o nascimento até o primeiro ano de vida. Com certa frequência, a profissional clica a criança. Pode ser mensal, trimestral e, claro, vai fotografar o aniversário. E, assim, continua. O cliente paga valores mensais e para o fotógrafo isso é interessante. O cliente confia no trabalho e já se acostuma a pagar parcelado. Fotógrafos de casamento e formatura também fazem isso. Parcelam em inúmeras vezes para o casal ou formando ir pagando de pouco em pouco. Ter um cliente que te paga com frequência é recorrência. A nova forma de vender preço é assim e faz todo o sentido na fotografia. Só que não basta produto e preço, você precisa promover.

A promoção virou conversa. Alguém ainda aguenta ver anúncio ou post no Instagram com design de propaganda? "Compre da minha empresa. Condições especiais para data x". Tem fotógrafo renomado colocando preço em post no Facebook. É muito desespero. A promoção é a forma de divulgar. É uma conversa contada como história. Marketing que não tem expressão de marketing. Conversa prevê ouvir e responder. Conversar quer dizer interagir. Não só no Instagram ou WhatsApp, mas também pessoalmente e usando parceiras. Mais sobre os parceiros veremos nos 9 P's do marketing na fotografia. O que precisa ficar claro na promoção que virou conversa é que você tem que achar esse tom. Qual é a sua voz? Como quer ser percebido. O fotógrafo Danilo Siqueira faz muito bem isso. Usa as redes sociais para provocar as noivas. Faz postagens inteligentes e interage com todo mundo. Não o vejo não responder a alguém. Creio que Danilo ouve as clientes e atende as necessidades delas. Cria fotos lindas (minha opinião) e gera conversas com clientes e colegas (pois ele vende workshops). Chegamos aqui a um ponto interessante. Você terá que divulgar a si mesmo como se estivesse conversando. Como será essa promoção? É importante você fazer o exercício para entender a segmentação do seu público, seu alvo (onde estão) e a partir disso definir seu posicionamento. Tudo isso depende do ponto.

Ponto virou marketplace. Você não está mais preso na sua cidade. Você pode vender uma sessão para um casal fora do País. Pode vender para um cliente em outro estado. E os fotógrafos têm feito isso. O ponto antes se restringia ao local físico do seu negócio. Depois veio a internet e você tinha uma vitrine on-line. Agora estamos na fase de usar hashtags e localização para atingir os clientes onde quer que eles estejam. Lembre-se do STP e da promoção que é conversa. Se o ponto virou marketplace (digital) você pode atuar em qualquer lugar do mundo. Óbvio que isso não é fácil. Seu Instagram pode ser seu marketplace. Recebi alunos da ENF (Escola de Negócios FHOX) que só tinham Instagram e estavam felizes com isso. Tivemos uma palestrante newborn da Argentina com muitos anos de mercado que só tinha Instagram. Para que preciso de site se minhas clientes estão ali (lembra a segmentação e o alvo?).

O importante é lembrar que qualquer um desses P's do marketing 4.0 envolve empoderar o consumidor conectado. Ele cria um produto com você, mas antes te achou com base em uma conversa (física e digital) no marketplace em que ele se encontra, para finalmente ir para um consumo que desemboca em preço de recorrência. Ele deve voltar para consumir do seu negócio inúmeras vezes. O ponto ideal da recorrência traz o ciclo de vida completo. A cliente contratou você para uma sessão de casal, depois casamento, depois gravidez, depois parto, newborn, batizado, acompanhamento, aniversário etc. Ela deveria te indicar para amigos e parentes e temos uma jornada que pode se estender por muitos e muitos anos.

STP – Segmentação, Target e Posicionamento

Se você começou agora pode estar se perguntando. Como é que vou fazer tudo isso? Preciso fazer o STP, preciso definir os 4 P's do marketing 4.0 e ir para o ataque? É isso? É isso e muito mais. Recebi alunas na ENF que antes mesmo de comprar câmera queriam estruturar um plano para atuar no mercado. Achei isso fora do comum. O mais ordinário é vermos fotógrafos começando a pensar em planos depois que já estão com site, câmera e até com algum portfólio. Já investiram em lentes, estão com duas câmeras e fazendo todo tipo de investimento em workshops, congressos e cursos on-line para melhorar o estilo, ajustar o fluxo de trabalho etc. Marketing que é bom, nada.

Então, sugiro que você imagine um AVATAR Marketing. Na prática, quero que crie um nome para seu negócio. Quero que você, na sequência, faça o STP e pense os 4 P's do marketing 4.0 como se fosse para seu concorrente que acaba de ser criado. Só tem uma coisa: esse concorrente seria um clone seu. Imagine alguém que tem a sua cara. Ele acaba de se tornar fotógrafo. Faça o seguinte:

AVATAR Marketing:

Qual é o novo nome dele: o meu novo "eu" vai se chamar Leo Mesquita (meu outro sobrenome).

STP –

Segmentação - ele vai atender negócios de fotografia de todo o Brasil que precisam de orientação e melhorar o marketing ou entender o marketing na fotografia. São fotógrafos na sua grande maioria.

Target - eles estão na internet e nas redes sociais. Participam de cursos on-line, workshops e congressos. O meu caminho para encontrá-los será nesses ambientes.

Posicionamento - ele vai se posicionar como um mentor que vai ajudar os clientes a fazer as perguntas certas sobre os próprios negócios na fotografia.

Na base do entendimento de tudo isso sai um resumo direto para você. Não, não dá para você atender todo mundo e, por isso, é tão importante definir esses pontos acima.

Logo, segmentação e alvo são dois itens importantes em constante transformação.

No marketing, saber quem é seu público é fundamental, mas estabelecer que você vai atender "mulheres de 30 a 40 anos que atuam na cidade e das classes A e B" não funciona mais. Sobretudo na fotografia.

"Eu fiz isso para você" é bem diferente de "eu tenho isso para você". Uma diferença que veio com o ajuste na forma de se fazer negócios em qualquer segmento. As pessoas obviamente querem algo feito para elas. Isso tem relação com personalização. Logo, a primeira pergunta para você é simples:

Quem é seu público? Se você disser que é todo mundo que curte fotografia ou de pessoas que gostam de momentos eternizados estamos começando mal.

Já abordamos isso antes nesse episódio do FHOXCast: a estratégia do Menor Mercado Viável. Na prática, é definir o mínimo de consumidores que você precisa para que seu negócio seja economicamente sustentável. Então, a pergunta correta neste caso é:

Quantos clientes você precisa no mês ou no ano para ter um negócio viável e crescer aos poucos de forma orgânica? Alguns vão responder que precisam de quatro sessões de fotografia no mês, de um determinado estilo.

Outros dirão que precisam de 40 casamentos/ano. E por aí vai. É uma dinâmica bem distinta de vender para todo mundo o tempo todo.

Determinar o público ficou muito mais complexo na definição de segmentação. Quem são as clientes que podem se encaixar no seu menor mercado viável. Digamos que são 10 mães por mês. Digamos que elas tenham bebês e que poderiam ter um acompanhamento mensal ou trimestral. Elas são iguais? Daria para dizer que a "persona" vale para todas? Eu creio que é limitante. De forma concreta, será que você não poderia se desafiar a ouvir cada cliente? Entender o que elas querem e como querem em termos de fotografia? Criar algo para elas. Claro, temos outra pergunta mais importante do que essa antes disso. Como é que vou conseguir essas dez clientes? Para quem está começando essa é uma dúvida latente que aparece o tempo todo. Como? Não tem botãozinho que você aperta e faz o cliente surgir do nada. Não tem fórmula mágica. Aliás, as pessoas não acordam dizendo: "nossa, hoje vou comprar uma sessão fotográfica urgente!". Temos que ser sinceros nesse ponto. A trilha para os clientes passa pelas seguintes etapas:

1 – Você tem um produto ou serviço atraente?

2 – Você sabe onde seus clientes estão?

3 – Você tem parceiros ou possíveis parceiros (físicos ou digitais) para abordar e fazer uma oferta de parceria?

4 – Você tem a mensagem para divulgar no canal de presença dos clientes?

5 – Você tem uma identidade que se adequa com o perfil dos clientes?

Sem responder a essas perguntas não dá nem para continuar. Costumo dizer que as questões são mais relevantes do que as respostas. Sabe por quê? Porque as respostas são só suas. Depende da sua cidade, do tipo de oferta que você tem e por aí vai.

O que proponho para o fotógrafo em busca de clientes é criar para cada pessoa. "Eu fiz isso para você!". A mãe que gostaria de uma decoração diferente na festa com fotos da filha. A cliente quer um vídeo junto com as fotos. A cliente quer uma joia com foto.

A parceria é o canal mais rápido para chegar aos novos clientes. Mas bem que poderia começar no que está mais perto de você. Seus vizinhos, amigos, os negócios nas redondezas. É ser "carudo/cara de pau" para abordar os moradores do seu condomínio e fazer a oferta. E talvez a melhor forma de propor algo seja dizer: o que você gostaria que eu fizesse para você com fotos ou vídeo?

A segmentação pelo perfil de idade, socioeconômico e afins é limitante e fria. A verdade é que a fotografia é um ofício personalista. Talvez a melhor definição para um fotógrafo não seja só profissional, mas sim pessoal. No sentido de pessoalidade, de se importar e ser humano. O marketing em 2020 pede o cuidado no caso a caso. De pegar na mão, ouvir e criar dessa forma. Parece difícil? E é. Mas só assim para fugir da mesmice e do envio de PDFs que só se diferenciam nos números no final da proposta. A coisa vai toda para preço.

O alvo é sobre o público e qual o seu lugar. Onde encontrar os possíveis clientes. Alvo é um termo ruim do marketing. Parece que eu quero acertar alguém. E antes era bem assim mesmo. Gerar leads, contatos, atingir alvos. Alvejar não me parece a melhor estratégia. As pessoas querem ser atraídas, ouvidas e querem participar. Outro dia ouvi de um fotógrafo que as pessoas não sabem o que elas querem. Que elas estão perdidas e nós temos que propor, ofertar. Será mesmo? Que tal perguntar para os clientes?

Se você não tem clientes, não existe outra saída. Você tem que buscar na unha. Mas não vá pelo preço. Talvez você fique preso nessa questão e fique refém para sempre dos precinhos, descontos e afins. Para quem não tem clientes, a alternativa é testar e tentar. Eu sugiro a parceria acima de tudo.

Eu reforço que é na base da garra e da oferta olho no olho. Saia da internet e vá bater perna.

Para quem tem clientes e está devagar, a alternativa está na clientela passada. Você tem uma lista de mil clientes dos últimos dez anos. Quantos compraram de você com frequência? A ideia dos 20% que são seus fãs e que, em algum momento, geraram (ou talvez ainda gerem) 80% do faturamento. Ao invés de buscar novos clientes o tempo todo, não seria melhor reinvestir nos antigos? Seja um ou outro. Para quem está começando ou em crise com a perda de clientes, atender bem para que o freguês retorne é ponto chave. Pois, a indicação entre pessoas atendidas e satisfeitas é o melhor marketing do mundo. Os bons negócios são movidos por boca a boca. Se perder no marketing digital (e nas 80 possibilidades de marketing existentes) pode ser contraproducente. Afinal, talvez tudo dependa só de uma pergunta: como posso ajudar meu cliente para que ele retorne sempre?

Um exercício de marketing

Abaixo fiz um exercício de exemplo e creio que pode ajudar. Veja e faça o seu também.

Marketing 4.0 de Leo Mesquita

Produto cocriado – ele vai fazer pesquisas frequentes na internet e nas redes sociais e vai perguntar aos próprios fotógrafos o que eles querem em termos de produto. O produto cocriado dele vai solucionar o seguinte problema: como melhorar o marketing e criar um plano de ataque?

Preço – ele vai criar produtos que podem ser comprados de forma parcelada, mas não irá baixar o preço. A recorrência dele será na forma de venda de cursos on-line, livros, mentoria e outros produtos associados.

Promoção, que é conversa, será feita no ambiente onde os clientes estão. No caso, no Instagram e com geração de conteúdo útil que gere contatos via WhatsApp e e-mails. Vídeos com abordagem direta que ensinam e são generosos.

Ponto, que é marketplace, será a presença consistente nas redes sociais e no site onde ele vai postar os conteúdos com dicas úteis. O ponto dele será no Instagram, eventos presenciais, livro, site, vídeos e WhatsApp.

Pronto. Fiz um plano bem básico com Marketing 4.0 para meu Avatar. Quero agora que você faça o mesmo. Retome o exercício e mande para mim. Não consegue? Me mande um e-mail em leo@fhox.com.br ou no WhatsApp 11-99123-4351 que posso tentar te ajudar.

O marketing 4.0 praticamente tem como certo uma base frequente. Tudo o que discorremos acima quase sempre vai ocorrer na palma da mão. Talvez você esteja lendo esse livro no smartphone inclusive. Tudo o que fazemos em qualquer um dos P's e tudo mais deve ser pensado para um consumidor com smartphone. Ele não tem tempo, ele está confuso, ele quer tudo mastigadinho e ele precisa de atenção e cuidados.

Talvez você tenha questionado as abordagens do P de preço ou de promoção no marketing 4.0. Lembre-se que estamos na fase do básico. Se você quer saber como formatar seu preço (vamos abordar isso mais para frente) está na fase errada. Primeiro estamos estabelecendo o que é o marketing e como você deve criar as fundações do seu negócio de fotografia. Sabia que o que mais ouço e vejo por aí são fotógrafos que não sabem quanto cobrar e como se promover. Esses mesmos profissionais querem fazer promoção e acertar no preço antes de fundamentar o resto. O que posso te dizer claramente sobre isso é: a culpa não é do preço!

Item "preço" é campeão de dúvidas no mercado. Isso, segundo pesquisas e contatos FHOX. Somos sempre abordados sobre os desafios de formar, justificar e melhorar o preço a ser cobrado na fotografia. E não é só entre fotógrafos, mas também é frequente entre outros negócios da fotografia.

A culpa sempre recai no preço, quando na verdade é reflexo de posicionamento incorreto e trabalho inconsistente no composto geral do marketing. Nas turmas da Escola de Negócios, um dos pontos mais abordados é o dilema de preço. Fotógrafos (mesmos os experientes) que enfrentam desafios na hora de cobrar ou de justificar os valores cobrados. As duas perguntas mais frequentes: como cobrar mais? Ou como justificar o que é cobrado?

No episódio do podcast da FHOX (procure no Spotify FHOXCast) falei sobre os 2 P's que prejudicam os negócios da fotografia abordando ali a confusão frequente de fotógrafos e até de outros segmentos do ramo que costumam enfocar mais no P da promoção (vamos bombar no Instagram!).

Usando segmentação e posicionamento temos uma rota para diferenciação. Podemos considerar um tipo de diferenciação quando a fotógrafa diz que só atende clientes que querem parto assistido e natural. Ou de um fotógrafo de casamento que só fotografa casamentos gays. É muito restrito nesse momento do mercado e da economia? De ficar escolhendo tanto assim os clientes? É e muito. É também uma decisão muito pessoal. E tem impacto de valores claros na forma de cobrar. O mercado de casamentos homoafetivos no Brasil é bem pequeno comparado com as cerimônias héteros. Contudo, se for um profissional sofisticado, que faz casamentos exclusivos e cobra muito para ter um conceito de poucos eventos, com valor alto, isso pode fazer toda a diferença. Traduzindo: se fosse "O fotógrafo de casamentos homoafetivos", a situação muda de figura porque ele poderia cobrar muito bem por isso e faturar no alto valor adicionado em poucos eventos.

Normalmente, no composto do marketing, os fotógrafos e negócios da fotografia colocam promoção e preço na frente de tudo. Quando deveriam ser os últimos. Primeiro entra o produto e na sequência o ponto.

Vamos entender melhor isso. Vou lançar essa promoção com esse preço agressivo! Vai ser um sucesso? Vai sim, vai arrasar com a sua marca! Sobretudo se você for só ficar vivendo de promoções. Repare em negócios com ações promocionais o tempo todo. Costuma ser sinal de marketing desvairado. Traduzindo: quero vender desesperadamente. Faz tanta promoção que o cliente já espera a próxima onda de descontos ou algo do tipo.

Vender experiências pode envolver todos os P's e estar ancorado no STP. Isso tem sido orientação frequente de muitos negócios. "Vendo experiência" é o novo "minha marca tem tradição e qualidade". Pois bem, agora os clientes notam quando uma marca cria propostas de experiências e vivências que não são verdadeiras. É o que eu costumo chamar de "dá para enxergar a planilha de Excel por detrás da oferta". São modelos de negócio que pensam em "experiências" para justificar o preço e tentar fazer valer quanto cobram. De novo, normalmente o cliente percebe. Pode até não perceber isso na primeira compra. Já na segunda...

Adivinha da onde surgiu a necessidade de vender marcas com propósitos. Para salvar (ou justificar) a experiência. E faz todo o sentido. Para fotógrafos deveria ser fácil vender experiências e ter um propósito. Ultimamente o que vemos na prática é a experiência de "eternizar momentos" e o propósito de "pagar as contas no fim do mês" e ok. Isso também é legítimo. O problema é que para todos nós da fotografia "criar memórias eternas" e ter como propósito "ganhar dinheiro com isso" são premissas básicas para nosso negócio.

Logo, o preço deve ser sempre o último item das definições da sua lista. Mas é curioso como sempre é o primeiro culpado. O desafio é que quanto você vai cobrar e como fazer para melhorar os valores vão depender dos outros itens (Ps). Obviamente inverter isso e fazer esse trabalho dando os devidos passos para trás não é fácil. Aliás, muito pelo contrário.

Os 4 P's do marketing é um conceito com várias décadas e já nem cabe mais como forma completa nesses novos tempos em que vivemos. Basta levar em consideração que o próprio criador (Kotler) desenvolveu o Marketing 4.0 que abarca outras perspectivas na era do marketing em tempo real. O que é importante entender é que a integração do mundo físico e digital é cada vez mais realidade. E a pessoas querem viver coisas valiosas. Uma sessão de fotos é uma experiência toda vez. Seja ela boa ou ruim. Posar para fotos (ou de forma espontânea), receber o produto e reviver tudo quando folhear o álbum. Tem experiência melhor do que a fotografia.

Fazer o preço deveria ser parte da solução, mas na minha visão vem depois na lista de prioridades. Quero dizer: faça o trabalho completo com todos os itens e depois ajuste o preço. Na hora de formatar o preço, a melhor coisa a ser feita é buscar a ajuda de alguém do SEBRAE da sua cidade. No próprio site do Sebrae existem conteúdos e ferramentas para definir seu preço com critérios concretos. E no Google existem planilhas grátis para ajudar a formatar seu preço. O problema é que na hora de definir o valor final, tudo vai para a margem. Quanto você quer ganhar? Essa diferença que vem ajudar a puxar para cima é o marketing.

Existem diferentes formas de como posicionar no cardápio depois que você definiu seu valor. A oferta dos pacotes e coleções do seu produto.

Ancoragem é uma das estratégias. Digamos que você definiu seu preço de sessão de criança em 2000 reais, com base nos seus custos e tudo no detalhe. Você só vai ganhar dinheiro e ter margem se vender nesse preço. A ancoragem é criar pacotes acima do valor e abaixo dele para vender o que você quer. Então, os dois mil reais é seu alvo. Você define que mil reais é o pacote mais barato e o mais caro vale cinco mil reais (tudo com base nos custos detalhados e na sua hora/homem). Você ancorou seu preço médio e alvo com um pacote mais barato e outro mais caro. Lá fora e aqui o que costuma vender mais é justamente o valor do meio. Na teoria tudo lindo. Daí você definiu seu preço com base em itens importantes dos custos fixos e variáveis, seu tempo, equipamento etc. Você insere a margem que busca e já colocou uma gordura. De repente vai para o mercado e começa a "ofertar" e não obtem respostas. Ninguém compra e quem entra em contato acha mais caro do que a concorrência. Existem várias respostas de diferentes níveis de profissionais. Existe aquele que entra em leilão e cobre a oferta do concorrente que vende por 750 reais. Onde foi parar sua margem e todo o resto? Existe aquele fotógrafo pressionado pela falta de vendas que dá desconto sem mesmo o cliente pedir. Fotógrafos experientes e que estão bem, sem perder dinheiro com fotografia, podem até ter uma estratégia de preço com muita gordura para dar desconto. Embora, o que eu mais vejo nos cases de sucesso são de fotógrafos dando condições de pagamento (parcelando mais, recorrência) e dando mimos. Você compra de mim, paga o que eu quero e te dou um álbum extra. Te dou isso aqui e aquilo ali. Veja que isso também tem custo e deve estar previsto na estratégia de ataque e de contingência. Voltando ao AVATAR Marketing, imagine a seguinte cena para seu negócio:

- Olá, queria saber sobre seu trabalho de fotografia. Vou me casar no ano que vem!

- Olá fulana, tudo bem? Que ótimo que me procurou. Vamos conversar pessoalmente ou via Skype?

- Ah não fotógrafo. Eu quero seu PDF com orçamento logo.

- Ok. Vou te mandar.

Uma semana depois ela aparece (a cliente) e diz. Olha seu fotografia. Eu achei mais 10 orçamentos e o seu custa muito caro. 2 mil reais está fora do que posso pagar. O que pode fazer por mim?

Essa última pergunta é a parte da contingência. Aquela história de planejar para o pior e esperar o melhor. Claro que existem inúmeras variações na fala e do que você pode fazer. Na prática pode e vai esbarrar no preço. A cliente quer pagar mil reais e você oferece a dois mil. O que fazer é responder à pergunta acima com todas as possibilidades.

- Eu consigo te dar desconto à vista.

- Eu consigo parcelar em mais vezes. Ou combinando descontinho com parcelamento.

- Eu te dou mimos impressos.

- Eu te dou mais do meu tempo.

E por aí vai. Só creio que essa estratégia é importante. Pensar como se posicionar inclusive sobre os barganhadores.

Entenda que em diversas situações você terá que perder clientes. Quero dizer: vai ter de dizer não. Ou você quer pagar para trabalhar?

Para muitos negócios mundo afora, dentro e fora da fotografia, o preço é posicionamento e deveria ser mesmo. Leica você sabe que vai custar caro porque é feita de forma artesanal e porque é uma câmera alemã lendária. Hasselblad também. Você sabe que DJI é o melhor drone e quando for para Miami ou Paraguai certamente poderá encontrar um drone genérico. Só que ele não oferece o que você precisa. Preço filtra. Preço estabelece quem você quer atrair e como vai trabalhar. Se você tentar cobrar 10 ou 30 mil na sua fotografia (tem gente que cobra isso por uma única foto impressa, sabia?), as pessoas podem não perceber o valor. A construção do valor percebido virá do seu marketing. Como já disse antes. Não tem marketing bom de produto ruim. Se tudo estiver bem alinhado, você conseguirá atrair e manter clientes com quanto deseja cobrar. Normalmente isso não ocorre no primeiro ano do seu trabalho.

Exemplos de Marketing 4.0 na fotografia

Cases reconhecidos para entendermos exemplos de marketing 4.0, com cada um dos P's. Vamos começar por produto.

Se produto no marketing 4.0 é cocriado com os clientes, nada melhor do que olharmos para fotógrafos estabelecidos que entregam algo colaborativo para os consumidores. Fernanda Bozza de São Paulo ilustra a questão do marketing 4.0 não só com produto, mas em cada um dos P's. Ela criou em 2019 um estúdio que mais parece a casa da cliente. Não é difícil imaginar que essa decisão passou por entender que as clientes querem isso. Fernanda atende gestantes e mulheres, mas também fotografa família. Profissional experiente, ela tinha um estúdio em uma casa, mas decidiu ir para um escritório que foi adaptado para um local que mais parece, de fato, o apartamento das clientes. Simplicidade, decoração clean. Ela tem uma belíssima banheira e um janelão. Tem uma cama enorme no meio do espaço e uma cortina de correr. Tudo para reproduzir um estilo que tem a cara que as clientes querem com a assinatura visual da artista. Eu imagino que Fernanda evoluiu o estúdio dela para esse local porque ela consegue reproduzir, com controle total, condições que ela teria no quarto da cliente. Ou seja, Fernanda adaptou o próprio espaço para uma realidade e desejo das clientes. O ponto dela é físico e ajuda na proposta do produto fotografia com a identidade clara e iluminada que é marcante nas fotos que ela cria. O ponto dela se estende no marketplace com um Instagram eficiente. Com grande quantidade de seguidores no que foi um trabalho de anos e orgânico, Fernanda atingiu milhares de seguidores, gestantes e mulheres, que buscam o estilo dela. A cocriação ocorreu no passar dos anos, com o entendimento do que as clientes gostam e, assim, adaptando o ponto físico que é reproduzido nas redes sociais de forma similar. Produto fotografia aliado ao ponto físico que surgiu da evolução cocriada e que acaba sendo compartilhado nas redes sociais. Fernanda tem álbum e valoriza o produto impresso. A obra acabada é parte importante da assinatura dela. A identidade do negócio dela está presente no estúdio, no Instagram, nas fotografias e até na forma de se vestir e falar. Vamos ao P de promoção. No caso dela é uma conversa que é gerada no Stories e nas indicações das próprias clientes felizes e atendidas por ela. A conversa ocorre no Instagram e note como ela parece de fato conversar usando os vídeos de forma autêntica para o que ela oferece. Vale a pena seguir @fernandabozzafotografia no Instagram para ver do que estou falando. A parte do preço eu não tenho os detalhes, mas desconfio que Fernanda não tem dificuldades em justificar o que ela cobra da clientela. Para mim, a combinação do estúdio, com Instagram, a assinatura visual e a forma como ela promove o negócio é ótimo case de como funciona o marketing 4.0. Aqui cabe a observação: antes, ela tinha outro estúdio, o site era diferente e a forma como ela comunicava era outra. O que quero dizer é que as coisas evoluem. Isso vale para ela, para você e para mim. O marketing não é estático. Eu tenho certeza de que Fernanda concordaria comigo se eu disser: a fotografia é parte do marketing e vice-versa. Fernanda chegou a um patamar de assinatura visual que os artistas almejam e poucos conseguem. Esse é o melhor marketing que existe. Quando alguém vê a foto diz: Ah, essa é uma foto da Fernanda Bozza. Outro ponto que merece todo o destaque é o seguinte: indicação é o melhor marketing que existe. Você pode investir, estudar sobre o assunto e fazer o que quiser. Se os clientes não te indicarem não ocorre recorrência. Que é fazer com que eles retornem e queiram te indicar para outras pessoas. No caso da Fernanda isso acontece e com os melhores fotógrafos também. Então fica a dica: faça um trabalho com afinco e capriche em tudo o que puder. Para que não tenha que ficar gastando tempo e dinheiro para sempre buscar novos clientes. Ter aqueles que retornam e indicam, na base do boca a boca, é o melhor marketing que existe.

Promoção é conversa. Posso mostrar um exemplo de fotógrafo que faz uma conversa bacana usando as redes sociais. Ele é o Danilo Siqueira. Provocações, posts que valorizam as clientes, criatividade na forma de interagir e mostrar que as noivas são especiais. Eu gosto muito da forma como Danilo se promove nas redes sociais. Procure "Danilo Siqueira fotografia de casamento" no Google que você vai achar o trabalho dele. Note como ele é autêntico nas postagens. É uma forma interessante de promover o negócio o que ele faz com os clientes.

Produto é cocriação. Quando um fotógrafo coloca uma fotocabine em uma festa de casamento ou evento social, isso vale como cocriação. É uma forma clara de fazer com que os convidados façam suas selfies se tornarem realidade impressa. Outros exemplos interessantes que mostram isso são o fotógrafo piauiense Tibério Hélio e Fernando Dai Prá, do Rio Grande do Sul, que imprimem miniálbuns na hora da festa para entregar para noivas e aniversariantes. Eles levam equipe, impressora, editam e escolhem rapidamente as fotos para entregar os "pockets" para os clientes. O poder de surpreender e encantar quase em tempo real. A cocriação age de uma maneira simples. Os convidados fizeram os momentos, o fotógrafo só teve que encantar tornando aquelas memórias em produtos impressos que serão entregues em questão de minutos. De novo, gera indicação pelo encantamento. É participativo e surpreendente. E ainda ajuda a melhorar o faturamento ou justificar o que o fotógrafo cobra. Já vi fotógrafos fazendo isso também usando Instax. São aquelas câmeras instantâneas. Eles levam para sessões de casais, em festas e outros trabalhos. Carregam junto com a câmera profissional. E volta e meia surpreendem os convidados ou retratados entregando uma foto na hora, usando Instax. Muitas vezes entregam a câmera na mão do cliente para ele fazer uma fotografia instantânea. Cocriação atacando mais uma vez.

Ponto é marketplace. Um estúdio australiano, que gosto muito, atua bem em todas as frentes do marketing 4.0. Inclusive na questão do Ponto. No caso deles, são vários estúdios físicos que se parecem com a casa do cliente. Os produtos (eles enfocam em decoração com fotos) estão espalhados pelo ambiente. Pois existe a máxima que a gente só compra aquilo que vê. The Verve Portraits compete com os melhores fotógrafos do mundo (os australianos são melhores do que os norte-americanos e europeus na fotografia newborn, de casamento e família). A forma como eles conseguem fazer isso envolve muitas questões relevantes ao marketing 4.0. Para mim, o ponto é o principal diferencial da empresa que tem várias unidades. Primeiro porque, assim como no Brasil, ter um estúdio de rua custa caro. Isso ajuda a separar quem leva a coisa para um lado mais sério. Imagine o seguinte. Um cliente australiano liga para um fotógrafo de família e diz que quer fechar com ele. O fotógrafo responde que eles podem se encontrar na casa do cliente ou no café da esquina.

Daí o cliente vai para o Google pesquisar e esbarra no site do The Verve. Ao entrar na página, ele é surpreendido pela foto do espaço físico. Vê todo o processo de como funciona fotografar no local. Eles oferecem cerveja e champanhe. Tem uma consultora que acompanha a escolha das fotos. Tem um profissional que assina o trabalho. Tem um set confortável e o local é moderno. O enfoque é fotografia para decorar sua casa com as memórias da família. Enquanto aquele fotógrafo de família quer marcar algo no café da esquina. Talvez nem isso. Talvez o cliente queira fazer tudo online no WhatsApp ou por e-mail. Mas vendo a proposta da The Verve, ele entende no "marketplace", que é o site da empresa, que terá que ir até lá. Mas que vai passar por uma experiência. E mais do que isso: a condução e todas as informações passam uma imagem mais profissional. Até os preços estão no site. Os valores cobrados mostram o seguinte:

- Que a The Verve tem um cardápio completo e bem explicado. Com variadas opções.

- A previsibilidade do trabalho é bem explicadinha nas etapas, com fotos e vídeos e todas as informações. Para que vou me encontrar com o fotógrafo que achei no Instagram ou no Google se o The Verve me mostrou tudo antes claramente?

- A variedade de produtos mostra claramente que o enfoque é na decoração com fotos. A cocriação ocorre na hora do ensaio. A ideia é juntar a família. Mas fazendo algo que tenha a cara dos clientes.

- A forma como eles promovem é simples, direta e não tem cara de anúncio. Embora seja uma marca sem um só fotógrafo por trás. A The Verve consegue fazer "a conversa" de forma indireta, informal. Passa seriedade e você não terá surpresas.

- O conceito da experiência tem orientação pelo P de ponto. Os locais são realmente confortáveis e com recursos que fotógrafos comuns (baratos) não conseguem chegar. Eu diria que a The Verve consegue se defender bem dos fotógrafos iniciantes e até mesmo dos intermediários. Ela deve brigar mesmo com os fotógrafos de grife daquele país.

Nem tudo é perfeito. Vejo que na questão do Produto e Preço talvez pudesse ser melhor. Por quê? Porque a The Verve não trabalha com álbuns e isso me parece uma falha. Eles teriam mais uma oferta que tornaria o cardápio ainda mais completo. Na questão da recorrência, eles têm a oferta do voucher para presentear. Sinto que falta algo no P de produto e na parte do preço. Talvez pudessem criar um clube de vantagens ou pensar em formas de atrair os clientes que já fizeram com eles mais vezes. Talvez já façam isso só que não ficou evidente.

Chris Burkard virou uma referência de fotos de natureza e de como se diferenciar. Ele chegou a palestrar no TED Talks. O que Chris fez de diferente? Anos atrás ele queria ser fotógrafo de surfe. Um dia chegou à praia, nos Estados Unidos, e olhou para os lados e notou que estava lotado de fotógrafos de surfe. Ele era mais um no meio de tantos. Ali ele decidiu que queria ser diferente e foi atrás de uma nova vida profissional. Sabe o que ele fez? Passou a fotografar em lugares congelados, para surfistas que buscam ondas no ártico e outras regiões inóspitas. Chris virou matéria nas principais revistas do mundo e depois virou embaixador de marcas e começou a dar palestras mundo afora. Um exemplo de diferenciação.

Eu preciso ganhar dinheiro logo. Essa é uma necessidade geral. Para quem começa na fotografia existe a opção imediata de ganho. Sites como Fotop e Meero (dá um Google para saber mais sobre eles) atraem fotógrafos para pagar pelos serviços de coberturas digitais. São formas rápidas e que não pedem grandes diferenciais para começar a ganhar algum dinheiro quando está precisando. Mais do que isso, não pedem experiência e nem demandam portfólio. Bancos de imagens podem vender suas fotos.

Lembrando que estamos falando de um mercado repleto de fotógrafos que entram em nosso ramo toda semana.

O menor mercado viável!

O que vale mais: um fotógrafo com um milhão de seguidores com potencial real entre esses fãs de, vamos dizer, 100 pessoas. Ou uma fotógrafa com 350 seguidores, mas com potencial real de consumo entre esses "amigos" de 200 compradores. O mundo digital está ficando cada vez mais complexo e desafiador. A cada semana surgem novas formas de usar o Instagram. Você ficaria perdido nos tipos de marketing que existem para atender essas demandas. Inbound, SEO, e-mail marketing, mobile marketing, live marketing e por aí vai. Não sou contra o marketing digital. Para mim, faz mais sentido o marketing 4.0 porque ele engloba o mundo real e o virtual. E porque os consumidores estão andando por aí com a internet no bolso. Esse é o cenário que você encontra. Primeiro, vamos aos fatos. Temos mais smartphones do que habitantes no Brasil. Ou seja, são mais de 240 milhões de aparelhos espalhados por toda a parte. A maior parte deles com contas pré-pagas. Outro fato: o 4G que torna a conexão mais rápida ainda nem funciona direito no Brasil e lá fora (sobretudo nos EUA e China) já são dezenas de cidades com conexão 5G. Que é 23 vezes mais rápida que o 4G.

O que isso tem a ver? Tudo. Com o tempo teremos mais pessoas conectadas e a internet estará tão presente quanto a luz na vida da gente. Então, sim, faz sentido fazer anúncios no Instagram e Facebook e buscar o maior número possível de seguidores. Faz sentido tanto para agradar seu ego quanto para mostrar que você tem força. Contudo, a parte de marketing digital permite hoje fazermos um anúncio com alvo tão preciso quanto atingir uma grávida oriental que mora no seu bairro e fala três idiomas e só usa iPhone. O que nos coloca em um dilema. As ferramentas para anúncios pagos das redes sociais permitem uma precisão espetacular e todos nós queremos mesmo curtidas, comentários e seguidores. Resultados que não caminham exatamente juntos. Como resolver isso. Combinando esforços. Fazendo uma divulgação que parece conversa e impulsionando essas postagens. Mas sem esquecer de ações no mundo real. Aqui outro desafio instigante. Você prefere vender para 80% de novos clientes mensalmente ou focar nos 20% que já compram de você e fazer com que retornem com mais frequência? Saber a diferença pode fazer toda a diferença no negócio. E nada impede de tempos em tempos você alterar sua estratégia para deixar os 20% da clientela que geram os 80% de faturamento de lado um pouco. Desde que você não os abandone. O fato é que em quase todos os negócios de fotografia e fora dele essa máxima da lei de Pareto é válida. O que mais vejo por aí são fotógrafos enlouquecidos caçando os 80% que não compram nada ou tentando gerar mais seguidores, fãs e afins só para se alimentar de vaidade. Só não esqueça que isso não paga as contas. Penso que a importância da indicação e dos clientes que já compraram de você como dois pontos dos mais cruciais para um negócio bem sucedido na fotografia. Pegue cases do mercado de fotógrafos com décadas de experiência e com nome reconhecido no mercado e note que eles vivem e prosperam com o boca a boca dos clientes satisfeitos. Se tornaram os fotógrafos daquelas famílias. Você pode fazer o marketing que quiser com os maiores especialistas de qualquer mercado e nada se compara ao cliente satisfeito. Ele de fato se torna seu grande vendedor. No conceito de Kotler para o marketing 4.0 é a recorrência do consumidor que compra sempre de você e que se torna o defensor do seu trabalho.

"Se você não consegue começar pequeno, o que o faz pensar que pode faturar atendendo na grande quantidade?" – Seth Godin.

Já na ótica de Seth Godin entramos no tema deste capítulo. A ideia é um pouco diferente, mas não menos poderosa. Godin trata do assunto no novo livro "Isso é Marketing" com a estratégia do Menor Mercado Viável. O que significa isso? É simples, na verdade. O que não quer dizer que seja fácil. Godin traz a seguinte provocação: você não consegue vender para todo mundo. Logo, é melhor buscar os primeiros 100 clientes para depois chegar nos mil consumidores que vão sempre comprar de você. Na visão dele, um empreendedor com mil clientes frequentes consegue se tornar viável. Economicamente funcional para crescer e só então buscar os 10 mil clientes. Godin diz que com 10 mil clientes que retornam, você fica rico. Aqui vai minha pergunta pensando nisso: você consegue atender quantos clientes em um mês? Ou em uma semana? Ou em um dia? Ou em um ano? O que Godin trata é da sua possibilidade de atendimento e entrega. Tem algo que conto nas turmas presenciais da ENF e que vale ser mencionado nessa parte. Um fotógrafo que era cliente da FHOX era muito esforçado. De São Paulo, ele veio do mercado corporativo. Isso no começo dessa década. Lembra da onda dos Groupons da vida? Pois bem, esse fotógrafo esforçado lançou uma campanha no Groupon ou Peixe Urbano (sites de descontos) com um descontaço para quem fechasse sessões fotográficas com ele. Esse profissional teve sucesso nas primeiras tentativas e ficou muito empolgado, lançando uma promoção bastante agressiva. Resultado: vendeu muito. Algo na casa das centenas de sessões. Sabe o que aconteceu com ele na fotografia? Nada, já que ele saiu do mercado pouco tempo depois desse "grande sucesso" de vendas. Esse caso real serve para ilustrar algo que talvez você não tenha parado para pensar. Que você não consegue atender todo mundo. O que é importante no exercício de Godin com o Menor Mercado Viável é entender de uma vez por todas o que você pode fazer. A pergunta que nós temos que responder é: quantos clientes você precisa em um ano ou por mês? Fiz um exercício desses com uma dona de estúdio de fotografia aqui de São Paulo. Ela tinha uma demanda ociosa para gestantes. Fizemos a conta do MMV (Menor Mercado Viável) e ela chegou no número que torna viável o negócio de retratar gestantes. Podia atender pouco menos de 100 gestantes no mês. Não 200 e nem 50. Claro que definida a quantidade, chega a hora de trabalhar como chegar ao número. O que pede a estratégia de produto, promoção, parcerias, preço, ponto etc. É o marketing 4.0 que vai fazer você atingir a meta. Segundo Godin, o MMV é o número perfeito que fica no meio entre abraçar o mundo e uma pedida muito restrita. Vamos explicar melhor. Se a fotógrafa que citei antes quiser atingir gestantes orientais do bairro dela que tem 38 anos e que falam japonês, isso é muito específico. Não é viável. Já se ela me disser que vai atender todas as gestantes de São Paulo em um raio do tamanho da cidade, isso é muito amplo. Agora, se ela define que são 100 gestantes da região dela ou das proximidades, com um perfil um pouco mais aberto, a coisa muda de figura. Estamos diante de um número que se encaixa na estratégia do MMV. Vale mencionar que a fotógrafa mencionada faz newborn e crianças também. Mas esses dois segmentos estão com bons números no estúdio. Ela vende bem essa parte. Isso quer dizer que você pode fazer esse mapa de MMV para outros produtos e mercados que não estão vendendo bem. Pode ser: vou vender mais 15 álbuns de família por mês. Vou fazer 43 casamentos ano. Vou fotografar 60 partos no semestre. Só considere bem o seu tempo, a sua agenda atual e os trabalhos já contratados. "Ah, mas eu estou começando e não tenho dificuldade porque minha agenda é livre". A partir do momento que começar a vender, essa agenda muda. E se você vender em excesso e não conseguir se organizar? A ideia de Godin é engenhosa: trabalhar do pequeno para o objetivo grande. Começar com 100 para crescer para 250 clientes e depois 500 e, quem sabe, mil. Só não pense que não existe um dilema mesmo quando atingir o que quer. Digamos que você definiu que precisa de mais 4 aniversários mês na sua agenda. E daí você vende, mas perde todos os sábados livres que tinha para ficar com a família. Meu amigo e minha amiga, essas são as trocas que terá de considerar e decidir. Chamadas do tipo: encha sua agenda para ganhar muito com fotografia também podem ser traduzidas em: você terá que editar mais fotos, terá menos tempo livre, terá que se organizar para atender e gerenciar tudo. É mais trabalho e menos tempo para a sua vida fora da fotografia.

Negócios gigantescos começaram na casa das centenas de clientes sendo atendidos. Sabe o Airbnb? Começou com 100 clientes satisfeitos que conversaram e indicaram para outros 100 e assim por diante. Até chegarem a um milhão de clientes atendidos. E eles retornam (recorrência). Enfocar no MMV definido e fazer o melhor trabalho possível com eles vai fazer a diferença para atingir mais clientes depois. Ou fazer com que os 100 clientes retornem.

Godin evoluiu o conceito do MVP (Mimimum Viable Product) que é o conceito de criar um produto que tenha atratividade e seja completo para começar a atacar no seu mercado. Exemplo: uma sessão com cenários que prevê bolhas de sabão com uma máquina especial e que prevê trilha sonora e amenidades para a família na hora do ensaio. Parece viável, talvez seja ou não. Depende de testes e dos custos envolvidos. Mas não deixa de ser um produto. Na verdade, até passou do Mínimo Viável. Pois aqui, o que é necessário é que o produto tenha condições mínimas de ser lançado. Então, bem que poderia ser uma sessão de família com um fundo exclusivo. O que Godin mostra com o MMV é que, ao invés de criar mercado ou categorias, podemos enfocar no consumidor ideal em uma quantidade mínima para suportar financeiramente o negócio. Godin não fala em persona (termo da moda para definir segmentação do público), mas não deixa de ser inteligente olhar para isso com cuidado. Quem é esse público definido no número que você tanto quer alcançar? Na prática, Godin pede para que o empreendedor cultive seu menor mercado viável até atingir mil clientes, que se tornarão seus fãs verdadeiros. E isso obviamente não é fácil em um mercado tão competitivo. Já que hoje criar algo é simples, enquanto criar algo memorável que as pessoas realmente valorizem é bem mais desafiador. O que Godin diz é: não tente criar clientes para o produto que você já tem. Melhor é criar produtos para os seus clientes. A mentalidade do "vou criar um produto fantástico que as pessoas vão amar" é mais comum do que parece. Sobretudo com fotógrafos que acreditam que o lado artístico impera e que os clientes devem achar o máximo o que eles criaram. "Ame o que eu faço. Olhe minhas fotos, você vai amar". Falta combinar com as noivas, mães e famílias. Resumindo: a estratégia do menor mercado viável não será factível se você tiver um pensamento fechado e orientado ao produto. Lembra do marketing 1.0 (vender um produto). Veja que ficar preso nesse raciocínio é voltar em 60 anos no tempo na forma de criar e vender produtos. O MMV funciona de forma completa se colocarmos a audiência em primeiro lugar. "Parece que existe um segmento de consumidores que gostaria de comprar um ensaio rock and roll, fantasiados como estrelas do rock". Ou seja, é enfocar em uma audiência específica. Sei que não é fácil fazer desse jeito. Mas lembre-se que o Produto no Marketing 4.0 é cocriado com seus clientes. Então, você tem de ouvir, entender o que eles querem e combinar com seu talento na fotografia. Claro, é mais fácil pensar em um produto do que criar para seus clientes. A diferença entre uma coisa e outra vai aparecer no seu faturamento. Quando Fernanda Bozza cria um estúdio novo, com cara do apartamento da cliente, é porque ela está atendendo a uma necessidade específica de um grupo de clientes. Godin contesta a ideia de um mercado de massa. Que as pessoas vão fotografar fulano de tal fotografia para fazer qualquer coisa porque todo mundo tem aniversário, casamento e momentos marcantes na vida. Não dá para trabalhar desse jeito acreditando que o mercado é uma massa, com os mesmos desejos de consumo e aspirações. A verdade é que gostamos de sermos tratados como únicos e que, de preferência, me entreguem um produto com a minha cara e feito para me surpreender, personalizado. O que podemos tirar desse conceito de MMV e de personalização é que esses dois quesitos caminham juntos. Não existe essa ideia de que "minha cliente média é uma mulher que valoriza momentos importantes". Isso é muito amplo e preguiçoso na estratificação do seu negócio. Resumão: tentar agradar a todos e vender para todo mundo vai fazer você diluir a sua oferta e seus produtos a tal ponto que você no fim não terá apelo nenhum para ninguém. Se for assim, o MMV será até fácil: zero clientes.

O "Isso é Marketing", de Godin, traz tudo detalhado sobre o MMV. O que ele indica como estratégia inicial é buscar um caminho, não um milagre. Essa trilha do MMV vai começar a gerar tração com os clientes. E digamos que você definiu 50 clientes fiéis para atender neste ano. E o que determina essa fidelidade? Um fã de verdade quer comprar tudo o que você faz. É aquela família que contrata o fotógrafo para o casamento, gestante, parto, newborn e por aí vai. Esses também chamados de superfãs são valiosíssimos e se você atingir a incrível marca de mil deles, aí você consegue viver bem de fotografia. Curiosamente, hoje no mercado vemos fotógrafos em início de carreira ou com alguma experiência, pensando em vender o máximo que conseguirem. Sem a preocupação de atender bem aqueles que já compraram. "Eu só quero mais, mais e mais".

Como começar? Dissemos nesse capítulo que você deve orientar seus esforços para um número mínimo viável e crescer a partir disso. E que para conseguir os 100 primeiros clientes você terá que criar produtos que essas pessoas querem. Temos algumas definições desenhadas até esse ponto. Vimos que você deve criar a sua segmentação, definir um alvo e posicionamento. Essa é ótica do Marketing 4.0 e atuar com os 4P's para ter a proposta correta para atrair e manter clientes. Que tal combinarmos o marketing 4.0 com o MMV? O exercício é esse: defina quantos clientes pode atender para determinado nicho. Vamos estabelecer que você queira fazer 30 partos no mês, ok? Esse é o menor mercado viável. Mais do que 30 você não dá conta porque já faz aniversários ou casamentos, por exemplo. Essas trinta mães são e se veem de forma única? O que elas precisam que você poderia criar para elas? Digamos que você fez uma pesquisa e entendeu que elas precisam de algo em P&B e que misture fotos e vídeos. Estamos simplificando aqui. Mas é bem específico (talvez até demais, porque em preto e branco é muito restrito, mas vamos deixar assim só para exemplificar). Pronto. Temos 30 partos acertados como meta mensal e sabemos que elas querem fotos com vídeos em preto e branco. Qual é o alvo? Onde estão essas gestantes? Você foi até uma clínica que atende gestante e a uma loja de roupas para gestantes. Foi lá que descobriu esse perfil e o interesse nesse produto. A cocriação do produto não quer dizer que não possa ser ainda mais personalizado. Você busca o fornecedor de álbuns e pede para criar algo customizado com algum material que os pais pediram. Produto resolvido, vamos para a promoção. Lembra que é conversa? Ela já ocorreu em uma parte que foi descobrir o que os clientes querem. A forma de chegar vai depender de uma parceria com a clínica e com a loja que usarão seus pontos de venda físicos e seus canais nas redes sociais para divulgar a parceria. "Compre com a gente em X e você ganha uma sessão grátis com direito a uma foto impressa com o fotógrafo parceiro". Você define uma microcampanha no Facebook/Instagram para atingir as clientes com aquele perfil. Deu (vamos dizer) um público de 1500 gestantes com esse perfil. Moram na redondeza, tem um determinado tipo de smartphone, idade semelhante e que curtem filmes preto e branco (dá para chegar a grupos muito específicos com campanhas nas redes sociais). Passamos por produto cocriado e promoção que é conversa. E na sequência vamos para o ponto que é marketplace. Você já está espalhado no ambiente digital e físico. A parceria já ajudou nesse sentido. A sua conta no Instagram tem fotos e vídeos (que não parecem anúncios) chamando as clientes para conhecerem seu trabalho. No Stories, você lança uma pesquisa perguntando o que acham desse produto? O seu marketplace pode ser o Instagram, os parceiros, seu site e o Pinterest. Digamos que você não tem estúdio porque é caro e não faz sentido na sua estratégia nesse momento. Usando hashtags você aparece para as gestantes usando #gravidasestilosas e outras publicações reais usadas por futuras mães.

Faltou o preço, que é recorrência. Você oferece uma sessão completa de gestante muito próximo dos nove meses de gestação e cria um pacote que prevê condições especiais para ela comprar a sessão + parto. Você retoma contato com ela na sequência ao nascimento para oferecer acompanhamento e newborn. Tudo o que exemplifiquei foi feito de forma simplista e imaginando que muitas das ideias poderiam mudar bastante. Mas dá para ter uma noção clara do que estamos falando. Tanto o marketing 4.0 quanto o MMV são engenhosas formas de ver as possibilidades e preparar um ataque diferenciado ao mercado.

Tudo muito bacana só que ainda assim não é o bastante para englobar a fotografia como negócio em termos de marketing. Foi pensando nisso que criamos um mapa que combina o marketing 4.0, evoluindo para o 9 P's do marketing na fotografia. Acompanhe no próximo capítulo e veja se faz sentido.

Os 9 P´s do marketing na fotografia.

P de ponto – Nós já abordamos sobre o P que virou marketplace. Quero mostrar aqui um exemplo desses novos tempos de Instagram e redes socais. Você conhece a Village Studio? Trata-se de uma empresa que surgiu faz pouco tempo para atender a nova demanda dos Instagrammers e influenciadores digitais e empresas que precisam de conteúdos para essas plataformas. Um estúdio com apelo "Instagram" para influenciadores, Village Studio é um negócio que começou em 2018 em Nova York e que agora se expande para Los Angeles. O conceito é simples: um estúdio que serve para gerar conteúdo para marcas e influenciadores.

Village Studio começou com enfoque em influenciadores e marcas que precisam de "espaços instagramáveis" para anúncios em posts e conteúdos promocionais nas redes sociais. Claramente inspirado no negócio do WeWork, só que em uma versão exclusiva para os instagrammers e afins. A empresa está expandindo o negócio, que terá dois novos espaços: um estúdio (uma casa) em Los Angeles e mais um ponto na região de Nova York, no bairro do Brooklyn. Nesse último será um loft espaçoso.

O modelo de negócio segue a mesma linha do WeWork. A marca ou influenciador pode locar o espaço on-line e definir o tempo e de que local precisa dentro do estúdio.

Trata-se de mais um exemplo desses novos negócios que crescem com o avanço do Instagram e do poder das redes sociais. O Village Studio garante manter os locais modernos, sempre renovados e com a manutenção sempre em dia. A fundadora da empresa, Vickie Segar, disse em uma matéria recente para a Business Insider que o objetivo foi criar uma realidade alternativa instagramável. Village Studio surgiu de uma agência de influenciadores da própria Segar. O que é conhecido como estratégia de marketing lateral. Já que se a agência cuidava de negociar com influenciadores digitais, porque não ter um local que pudesse ser locado para eles. E assim, além de atender os próprios clientes, ter também uma forma de atrair novos contatos e gerar mais relacionamento e, portanto, mais negócios.

Segar disse para a BI que os influenciadores, muitas vezes, sofrem para encontrar pontos com estética atraente ou com itens que funcionem bem para a criação de conteúdo. Como alternativa, os influenciadores são obrigados muitas vezes a locar espaços caros e até quartos de hotel para conseguir uma localização perfeita para gravar ou fotografar. Logo, essa ideia do Village Studio parece surgir como uma resposta para uma demanda latente. A previsão é que esse mercado da influência gere até 2022, 15 bilhões de dólares em faturamento (nos EUA).

O primeiro estúdio foi inaugurado no sofisticado e moderninho bairro do SoHo em NY. De lá para cá, o ponto faz grande sucesso. Em três meses aberto já estava dando lucro e com agenda lotada. Os novos estúdios terão um design aprimorado e com estética variada para ajudar nas campanhas e gravações dos clientes. O que faz um espaço instagramável? Segundo Segar é fundamental uma janela grande com luz natural. Paredes limpas e claras, espaços abertos que permitam fotografar dos mais variados ângulos. E, claro, acessórios e apetrechos de decoração que combinem com o ambiente. E que sejam trocados com frequência. "Tudo tem que estar perfeito o tempo todo", diz Segar sobre o negócio. Ela disse para o artigo da BI que a inspiração visual dos estúdios é feminina. Com detalhes em branco e paredes sem elementos para distrair. Nos últimos tempos, os estúdios têm servido também para sessões para fotografar capas de revistas com celebridades de Hollywood.

O novo estúdio no bairro do Brooklyn tem um visual inspirado na Califórnia. E um pouco menos clean do que a outra unidade nova-iorquina. Com tons um pouco mais sombrios e neutros, que segundo Segar atrai mais as marcas. Importante destacar que os clientes podem usar uma série de "props" para decorar de forma específica na hora de fotografar ou filmar. A ideia é justamente de oferecer um local que pode ter o visual alterado a qualquer momento. Para tanto, existe uma sala nesses locais só com elementos decorativos para que o cliente escolha na hora. No espaço do Brooklyn, por exemplo, tem até cozinha para sessões com comida e afins. Claro, existem salas de maquiagem e todo o aparato para quem precisa dar um toque na aparência antes de fotografar. Todos os estúdios da marca são grandes, com múltiplos ambientes e tudo é customizável de acordo com a necessidade de cada consumidor. "Não se trata do estúdio e, sim, do conteúdo que o cliente precisa fazer ali", diz Segar.

O fato é que a influência do Instagram e das redes sociais parece avançar com ainda mais força nos negócios do mundo real. E o Village Studios é mais uma prova disso. Um empreendimento bem-sucedido que parte de uma premissa: a de que o negócio dos influenciadores e das marcas nas redes sociais precisa ser profissionalizado. Hoje 80% dos clientes da Village Studios são empresas que pagam entre 3 e 15 mil dólares, dependendo do perfil do trabalho. Já os influenciadores digitais que representam os outros

20% dos agendamentos não pagam nada pelo espaço. Justamente pelo real poder de influenciar as marcas que acabam sendo atraídas no próprio trabalho feito pelos instagrammers, YouTubers e outros. Deve ser por isso que a lista de espera para esses profissionais é enorme, com mais de mil clientes esperando sua vez.

Nesse conceito de marketplace, o ponto é físico e digital. Não existe diferença entre uma coisa e outra. Vale mencionar aqui que a Village Studio escolheu dois outros pontos para servir de marketplace. No caso, o Instagram e o LinkedIn. Faz todo sentido para a estratégia desse negócio estar presente com site e só mais esses dois canais. O Instagram é onde estão os clientes do estúdio. E o LinkedIn é onde estão os 80% dos que vão pagar a conta. O site funciona para ilustrar sobre o negócio contando em detalhes sobre toda a estrutura e oferta de serviços disponíveis. E que dá a identidade do negócio como um todo. Para esse P dos 9P's sugiro que você faça o seguinte exercício:

1 – Olhe para seu Menor Mercado Viável. Quantos clientes você pode e quer atender por mês? Onde eles estão?

2 – Defina a partir dessa resposta, como você vai chegar até eles. Tanto no ambiente real quanto no virtual. Precisamos saber onde estão esses clientes com base no perfil deles. Se são mulheres podem estar no

Pinterest, buscando referências e, ao mesmo tempo, podem estar no Instagram. Digamos que você esteja em São Paulo. Qual é o bairro e onde as suas clientes estariam presentes fisicamente? Essas lojas são o ataque do ponto via parcerias?

3 – Você ter ou não ponto físico é uma questão importante, sim. Digamos que você atua com newborn. Como você vai fazer para retratar esses bebês? Só na casa do cliente? E se as condições no local não forem favoráveis? Logo, é importante decidir se você precisa ou não de um ponto físico. Lembrando que existem locais que locam por dias e horários, com toda a estrutura.

O ponto físico desse marketplace só faz sentido em determinadas condições e a depender da sua estratégia e posicionamento. Você quer ser luxo e não tem um escritório? Isso pode ficar muito fora do contexto para atrair e manter clientes nesse sentido. Lembrando ainda que ponto fixo é custo fixo todo mês. Que você vai ter que arcar, mesmo se não tiver clientes. Portanto, se for para ter, tem que investir muito para fazer render o Menor Mercado Viável.

Presença e Parceria servem como medidas concretas em um mundo viciado em telas e afoito com estratégias 100% digitais. A decisão de agir "no mundo real" pode fazer toda diferença no seu marketing. Coloquei os dois juntos porque eles podem e devem atuar de forma conjunta na sua estratégia de negócios. Quando tudo estiver resolvido em termos de posicionamento, segmentação, alvo e nos itens básicos de produto e preço, então chegou a hora de partir para uma medida útil, que não elimina a promoção (divulgação). Na verdade, é algo que faz parte dela. Trata-se de um trabalho importante que ocorre tanto no online quanto no mundo físico (ainda dá para diferenciar uma coisa da outra?!).

Por que a presença é importante? Ponto é um clássico do composto do marketing. A diferença é que agora ponto também é presença. Esse "P" evoluiu no marketing 4.0 e no marketing da fotografia. O fotógrafo ou negócio de fotografia pode (se quiser e fizer parte da estratégia) ter um espaço físico e ter presença online em inúmeros canais. Alguns "entram" em vários, como Instagram, Pinterest etc. Tudo óbvio, só que no detalhe vai muito além de postar fotos e vídeos. Isso porque deveria envolver uma linha que conduz a comunicação do negócio e que necessita de uma linguagem com estilo de conversa e não de anúncio. Curiosamente, os fotógrafos seguem ainda no post tipo anúncio ou seguem com publicações de fotos só para mostrar "veja como minhas fotos são lindas". O problema nessa abordagem é que você só alimenta o bichinho do ego. E como bem sabemos (sabemos?), curtidas não pagam contas.

Como? Agora é tudo mesclado, digital e mundo real. Dito tudo isso, ponto é presença, mas vamos além. Estar presente nas redes sociais é importante. Aliás, aqui temos dicas sobre isso que o próprio Instagram nos deu. O ponto chave é consistência (frequência) e identidade (autenticidade). E a tal da conversa sempre balizando tudo. A presença expandida ocorre de verdade quando você aparece no mundo real. Como assim? Ir a eventos de fotografia certamente é presença. Desde que você apareça conversando com fornecedores e interaja com colegas. Veja que nessa hora ocorre a conexão 4.0. Já que você faz a Live para mostrar que está no evento ou posta sobre a experiência nas redes sociais com outras fotos, vídeos e textos. Ou seja, está tudo atrelado. Presença é organizar eventos no estúdio e convidar parceiros de negócios próximos para falar sobre temas de interesse. Presença é exposição. É lançamento de livro. É um vídeo mais longo explicando sobre seu novo produto no IGTV. Estar presente é aparecer para se posicionar frente aos clientes, fornecedores e parceiros.

Nota importante: se você é do tipo tímido, introvertido ou algo assim, a má notícia é que você vai ter que se adaptar. Costumo chamar de "carudo" e na fotografia não dá para não ser do tipo fechado. Aqui você pode dizer: sou fechado mesmo. É o meu perfil! Ok, entendido. Então compreenda que isso também passa uma imagem, um posicionamento. Isso é marketing do mesmo jeito. "Eu sou assim e me aceite como sou". Boa sorte.

E se eu usar parceiros para estar mais presente? Presença sem parceria é capenga. Não estou falando de parceria no conceito "vamos fazer uma parceria?" Que se traduz em um entendimento assim: "vamos fazer algo que não vai me custar nada e você me ajuda?". Parceiros assim são muito comuns. Os mais ineficientes. Parceria de verdade envolve troca real. Quando uma loja de roupas de gestante oferece um voucher de um ensaio para clientes, isso tem um valor. A fotógrafa fecha com a empresa que somente clientes com determinado valor de compra podem receber o presente. Para a loja fica entendido que aquilo é para um tipo de cliente especial. Uma oferta de experiência que pode ocorrer na própria loja. Um sábado que transforma parte do local da marca parceira em estúdio. Chama a atenção e gera visibilidade. É exemplo de presença e faz a marca aparecer tanto no ponto físico quanto no ambiente digital. Aliás, esse é um exemplo que acontece no mercado em várias cidades. Com fotógrafas mais experientes, sobretudo.

A questão é que muitos profissionais preferem não fazer por "dar muito trabalho" ou acreditar que não terá resultado. Somos mais de 80 milhões de brasileiros no Instagram. Quem é você nesse mar de contas e posts? E você, no seu bairro ou região? Atuar de forma local, olhando para o aspecto global do online me parece o melhor caminho. Parceria é com negócios similares alinhados com seu posicionamento, segmentação e alvo. Para que você mostre e divulgue seu produto e converta com seu valor. E ainda envolve estar presente e gerar conteúdo para o mundo digital.

Não, não é fácil. Na verdade, dá bastante trabalho. E é por isso que você deve fazer. Lembre-se: enquanto os outros reclamam, tem gente que está pensando em alternativas e já está implementando algo ou algum tipo de iniciativa. Se você está aqui, estudando, é porque quer fazer algo diferente. Quer se destacar batalhando e adicionando valor.

O fato é que Ponto, Presença e Parceria andam juntos no composto do marketing na fotografia. É fundamental o profissional entender isso. Presença é um conceito bastante aberto. O fotógrafo fazer uma exposição não deixa de ser presença, além de divulgar o trabalho e até pode ser considerado uma experiência. Presença é estar presente tanto fisicamente quanto na parte digital. É engajamento responder clientes, lembrar as datas importantes dos clientes como aniversário do filhinho ou a data de casamento que você fotografou. Como a própria "lei do posicionamento" diz: presença é estar presente na cabeça, nos olhos e no dia a dia, na medida do possível. Presente, claro, na vida dos clientes. A parceria se estende tanto no físico quanto no digital. O cliente que vai à loja parceira e também pode seguir a mesma empresa nas redes sociais. Difícil é alguma ação ocorrer só no ponto físico do parceiro, pois ele vai divulgar nas redes sociais, vai enviar no WhatsApp e por e-mail. A parceria então combina esforços em diferentes frentes digitais e reais. Cabe a você englobar isso tudo com o seu parceiro.

Como estar mais presente? A frase que já foi dita por Woody Allen e outros grandes empresários e artistas é a seguinte: 90% do sucesso é só estar lá. O que isso quer dizer na prática? Quer dizer aparecer com pontualidade. Quer dizer ser profissional que cumpre o que diz e que participa de eventos ou da vida dos clientes de forma verdadeiramente comprometida. Traduzindo: é você querer estar mais perto dos clientes e parceiros de forma genuína. Não é só postar no Instagram todo dia. Mas também combinar ações digitais como envios de e-mails, fazer um evento para seus clientes em algum lugar para mostrar as novidades, promover experiências e criar novidades e conteúdo para encantar seus clientes.

Como fazer parcerias? Parceria depende do segmento que você quer atender. Digamos que seja de pets. Você quer atingir donos de pets? Então tem que ir onde eles vão. No caso, pet shops, clínicas veterinárias e locais que promovem a venda de pets ou eventos de encontros. A abordagem deve ser seletiva com a região geográfica que você quer atingir, bem como olhando o estilo dos clientes. Observe se a empresa tem força on-line além do ponto físico. Como abordar? Faça um e-mail ou carta e entregue para os responsáveis pela loja. Diga que quer mostrar seu trabalho e que tem uma proposta que será boa para os negócios deles. Simples assim. Abordou assim? Ótimo. Na sequência, confirme o recebimento e tente marcar o encontro presencial. Leve seu cartão de visita e portfólio e mostre do que é capaz. Deu certo? Hora de criar a ação de parceria. Via de regra, o interesse é seu e toda a proposta de parceria tem que ser feita por você. Voucher, divulgação, arte, produto exposto e como vai funcionar tudo. Por que a parceria é bom negócio para o parceiro? Porque o parceiro ganha a chance de dar um mimo para os clientes e vender uma experiência. Poderia ser uma sessão rápida com o cachorro ou gato logo após o banho ou tosa. No próprio espaço do pet shop ou parceiro, em um determinado dia da semana. O que costuma dar errado nas parcerias? Quando os funcionários parceiros não indicam e até sabotam os esforços. Algo que você pode superar oferecendo um ensaio cortesia para esse funcionário. Ou criando fotografias para ele usar nas redes sociais. Como estreitar laços com o parceiro? Oferecendo fotos para ajudar no site. Criando vídeos que poderão ser usados nas divulgações e por aí vai. Como definir o produto e a mecânica da parceria? Você terá que validar com o negócio parceiro. Por exemplo, digamos que vocês definiram que a parceria será um voucher de ensaio com uma foto grátis com o cãozinho após o banho. E essa seria uma forma de você ganhar o cadastro daquele cliente e poder tentar vender outras coisas para ele depois. Pode ser isso, ou pode ser pago mesmo, mas com um desconto bom para uma foto grande que ele vai receber depois. É a chance de você cobrir os custos e tentar abordar depois os interessados. Por que é interessante em termos de marketing? Porque gera conteúdo para você. Por que gera contatos para você abordar? Porque gera portfólio e propósito e envolve uma experiência. Você pode até não vender nada, só que ao menos não está inerte.

Como melhorar meu ponto? Ponto é marketplace e só funciona quando bem alinhado com presença e parceria. Recebi um aluno que só tinha Instagram e estava começando. Para que ter site se vai custar tempo e dinheiro e todos meus clientes estão só na rede social? São perguntas que ele me fez e que fazem todo o sentido. Você não é obrigado a ter estúdio ou escritório e nem site. Você não é obrigado a estar em todas as redes sociais. O que é obrigatório é entender por que você está no ponto escolhido. Estou só no Instagram porque é mais rápido e porque vendo fotos só para os clientes usarem no IG. Ok? Se a rede social sumir você pode buscar e criar sua "presença" no mais novo Instagram.

A grande vantagem do ponto físico é a venda de experiências. Lidi Lopez é famosa aqui no Brasil por criar cenários gigantescos e vender sonhos para as clientes gestantes. De certa forma, ela está alinhada com esses novos estúdios 'tipo Instagram' por atender um desejo dessas clientes que certamente vão compartilhar essas fotos nas redes sociais. O que vemos aqui é uma mistura não tão óbvia entre Ponto (experiência) com Presença e Promoção. Pois essas mães vão ao estúdio da Lidi para viver essa experiência e compartilhar com as amigas (a presença de Lidi na mente das clientes é desse status de viver o que ela oferece) e a promoção ocorre com as próprias mães fazendo a divulgação e gerando a tal conversa. E tem outro ponto importante nessa história.

Parceria com influenciadores digitais e celebridades – Eu comentei sobre Lidi Lopes e tem também a Thalita Castanha. Mas já vi outras fotógrafas reconhecidas no mercado de família e newborn usando a parceria com os famosos para obter resultados. Serve tanto como presença como promoção. Saber se relacionar com os famosos ajuda, sim, a posicionar a marca e traz algumas vantagens:

- grande visibilidade com seguidores da celebridade parceira

- divulgação do nome na mídia a partir das postagens da celebridade sendo compartilhadas por canais de notícia.

- fator 'uau' com os possíveis consumidores. Já que você vai poder dizer que fotografou para determinado famoso.

Lembrando que isso funciona também alinhado com posicionamento e orientação do negócio com o marketing. O que quero dizer é de que nada adianta fazer parceria com uma estrela de um segmento ou foco que não tenha relação com seu público. Aqui entra a importância do Target do STP. Quem é seu alvo e quem são os alvos do seu parceiro? Eles batem? Porque se estiverem desconectados só gerarão a atratividade de consumidores sem seu perfil de interesse. Existe uma troca em tudo. Quando você decide trabalhar com celebridades isso traz riscos também. Os consumidores podem enxergar seu negócio como muito caro ou "fake". "Ah, ela está fazendo de graça para o famoso em troca de divulgação". O que não deixa de ser verdade. Só que essa troca com o famoso é benéfica para ele na geração de memórias sem custo e com exposição real da sua marca para um grande público. Sobre presença e ponto isso tem tudo a ver. Aliás, vale o mesmo para notícias. Notícia vende e ajuda você a criar autoridade com os clientes. Mas, de novo, deve ter relação com o canal que você quer atingir e que tenha sinergia com seu público. Não adianta aparecer em um portal de notícia de pet se você quer atingir noivas. E por aí vai. Tanto no caso dos famosos quanto nas notícias, é importante a abordagem. E isso você vai conseguir com assessoria de imprensa ou fazendo a abordagem você mesmo. Vale e-mail ou WhatsApp (se você conseguir) e não é tão simples quanto parece. Para conseguir chegar no famoso você precisa de esforço e sorte. Já para canais de notícia você precisa de uma história boa, belas fotos ou vídeos e escrever um texto e enviar para o G1, Folha de SP e afins. Escrever direito (usando o corretor do Word) ajuda bastante também. Curioso é que fotógrafos têm tantas histórias incríveis para contar e não contam por vergonha ou porque acham que não vai dar em nada. Você só vai saber se enviar e tentar. Boa sorte.

Personalização é um "P" que tem toda relação com produto e experiência. E que bate também com personalidade (da marca) e preço. Quem personaliza algo torna aquilo exclusivo, único. Logo, você pode cobrar mais por aquilo. Como personalizar? Se pensarmos de forma mais fria, toda fotografia é um tipo de personalização. Afinal, você cria fotos que tem a cara do cliente e da família dele. E eles são únicos. Para você, contudo, eles podem ser mais um aniversário, mais um casamento, mais um batizado. Quando o fotógrafo encara dessa forma e faz sempre da mesma maneira para entregar os produtos e em todos os aspectos do negócio, a coisa desanda. Ou pior: vira mesmice no produto, no ponto, na promoção e, claro, vira precinho. E como é comum. O que mais vemos no mercado hoje são ofertas, posts, fotos e estilos que tem a mesma cara. Como você quer cobrar mais e atrair clientes se faz igual ao coleguinha do lado? Não tem como. Então, para responder à pergunta de como personalizar devemos olhar para o produto: criar produtos para seus clientes e não o contrário. Para tanto, você tem que ouvi-lo. Uma família aparece para contratar seu trabalho para um aniversário. Na conversa por WhatsApp eles dizem que esperam algo único. E perguntam o que você oferece. Slideshow, álbum e uma galeria online. Entrega de pendrive etc. Aquela oferta básica. Será que o cliente não gostaria de ouvir: o que você gostaria que eu fizesse para você? Talvez a resposta seja "eu não sei" ou talvez ele queira uma decoração da festa com fotos do aniversariante. E se você tem "aquela cabine de fotos" para imprimir na hora. "Ah, e será que você faz um vídeo de um minuto da festa para a gente postar no dia seguinte no Instagram?". De uma pergunta surgem inúmeras possibilidades. Nesse quesito, temos duas forças: ouvir o cliente e perguntar o que ele precisa. Perguntar é importante para entender as motivações e anseios. Perguntar ajuda a desenhar o que você precisa fazer. Se o cliente quer a decoração da festa com fotos, você terá que se fazer mais duas perguntas: como farei isso? E quanto vou cobrar? Mais daquela questão original: você gerou valor para seu negócio e para o próprio cliente. Essa é uma personalização para a fotografia. Personalizar é ouvir e adaptar, mas vai além. Hoje podemos colocar fotografia em tudo que quisermos. Você pode criar produtos muito específicos com "a cara do cliente". Seja na embalagem e nos outros itens impressos. Personalizar é um esforço em deixar desde o produto ao atendimento tudo mais próximo possível do cliente e do que ele espera. O cliente gosta de conversar pessoalmente? Vá visitá-lo. O cliente prefere Skype? Faça Skype. O cliente gosta de álbum gráfico? Faça o que ele quer. O que demonstro aqui nessas posições é que a personalização não passa só pelo produto ou o estilo de fotografia, mas que você pode e deve personalizar todas as etapas do seu negócio. Do primeiro contato até o pós-venda.

Pessoa ou personalidade – nos exercícios da turma presencial da Escola de Negócios FHOX esse quesito costuma causar certa confusão. Resolvi juntá-los para esclarecer melhor. Estão conectados, afinal. Pessoa é você. Personalidade também, só que é o posicionamento frente ao consumidor. Se a personalidade da marca é de luxo e a pessoa que conduz o negócio se veste de forma muito simples, isso é contraditório. Os melhores cases da fotografia conduzem bem esse alinhamento. Um fotógrafo de casamento com posicionamento ecológico só entrega álbuns gráficos porque eles poluem menos do que o fotográfico (não sabe nada disso? Entre aqui e entenda: movimentoimprimir.com.br). Se o fotógrafo diz que é ecologicamente correto e que só trabalha com empresas com essa preocupação, isso faz parte tanto da personalidade da marca quanto da pessoa. O pessoal entra diretamente aqui e tem relação direta com seus valores. Preste atenção no seguinte: se as pessoas julgam todas as suas ações, o que você diz na internet e pessoalmente, então, se entender como produto é crucial. Até porque cada vez mais eu noto que, de verdade, pessoas compram pessoas. E elas fazem isso de olho na personalidade daquele indivíduo. Porque se você diz algo (nas redes sociais ou presencialmente) as pessoas ouvem e julgam. Digo isso tudo porque vejo fotógrafos se posicionando sobre tudo nas redes sociais. Se aquilo faz parte da sua conduta profissional e pessoal e dos seus valores, ok. Você quer mostrar que é autêntico e quer atrair clientes que pensam igual a você? Ok. Em um mercado ultracompetitivo tenha em mente que o número de clientes é limitado e se expor pode ter efeitos contrários. Pode até espantar consumidores que gostariam de comprar de você porque gostaram do seu trabalho, mas que viram no seu Instagram a última postagem contra isso ou aquilo. Autenticidade tem se tornado desculpa para criar uma cultura anti-marketing. Ressalto isso tudo porque vejo fotógrafos não preocupados com a postura. E a postura conta, sim, e muito no primeiro contato e durante o trabalho. Vejo que esse P de pessoa e personalidade está interligado e podemos considerar o branding como parte desse processo. O que é branding? No meu entendimento é o posicionamento da marca. A forma como as pessoas te percebem desde o momento que entram no site até quando falam com você. Note que marcas como Coca-Cola, McDonald's, Nike e outras têm isso no DNA do negócio. Seja visitando a loja física ou tendo contato com os produtos e serviços no ambiente digital. Vemos a coerência da marca com sua personalidade. A diferença é que o P de pessoa é algo que fará toda a diferença nesse momento. Pois você não lida com cadastros. Você não lida com números ou planilha ou um contato em um banco de dados. O fotógrafo mais humano coloca as pessoas acima de tudo. Essa preocupação pessoal é a sua visão do negócio de como se portar e conduzir com as pessoas. Tem que bater com seu posicionamento? Na verdade, creio que o movimento é o contrário. Você deve começar pelo entendimento de quem você é e, a partir disso, como se posicionar para o seu negócio. Quem é você e como sua vocação se estende para vender e aparecer para o mercado. O exercício para se fazer aqui é o ikigai. Ikigai é da cultura japonesa. É o centro que conecta todas as partes do seu indivíduo. Sugiro que você faça o teste e entenda qual é o seu ikigai.

Você fez o exercício e ainda assim não entende sua vocação central? Tudo bem. Fique tranquilo. Importante é começar e tentar descobrir esse seu propósito nesse momento. Aliás, assim como o marketing, o ikigai muda de tempos em tempos. Não somos seres estáticos e nossos desejos, vontades e objetivos vão mudando com o tempo. Correto? Importante é tentar encontrar esse propósito. Muitos poderão entender essa parte como motivacional. Eu não vejo assim. Vejo o contrário: como você vai criar seu posicionamento, encontrar o alvo, definir segmentação, pensar nos P's do marketing, sem saber quem você é? Não tem como. Essa parte de autoconhecimento é relevante para justamente você poder compreender o que deve fazer e como atacar o mercado. De um jeito autêntico e que faça sentido para você. Quer um exemplo? O fotógrafo paraense Bruno Campos fez uma ação em 2019 que trocou doação de sangue por sessão de fotos. A iniciativa começou nas redes sociais do próprio fotógrafo. Quem doasse ganharia em troca um miniensaio fotográfico. No post das redes sociais ele explicou sobre a bela ação.

Segundo Campos, o ensaio é do tipo rápido e serve mais como uma forma de agradecimento. E ainda de acordo com ele, a campanha tem dado bons resultados. O post dele viralizou na internet e já foram mais de 1200 curtidas, mais de 900 compartilhamentos e 250 comentários. Vale lembrar que dezenas de fotógrafos de todas as partes do Brasil criam ações semelhantes. Com campanhas solidárias para doação de sangue, donativos, como comida e roupas, sessões sociais para famílias carentes e de adoção de pets. Todas as formas de ajudar quem precisa e usar o poder da fotografia nesse propósito. O fotógrafo foi destaque no jornal da região, com postagem no portal de notícias. E ele acaba atraindo atenção e não só isso, mostra o propósito do negócio que está ligado com aquilo que ele acredita na fotografia e fora dela.

Propósito – Ter valores dá valor ao que a gente faz. O propósito passa pelo motivo de você fazer o que faz. Pode ser só ganhar dinheiro, só espero que não seja apenas isso. Está claro para mim que as pessoas veem cada vez mais quando o Excel está na frente do negócio. O que quero dizer sobre essa parte é que os consumidores percebem se existe apelo real e autêntico ou se é só uma forma de faturar mais. Sobretudo em tempos de inbound marketing que nada mais é do que tentar desesperadamente gerar leads (contatos) para tentar vender algo depois. Nada de errado com isso, o problema é que o negócio 'ser fotógrafo' é algo muito pessoal. As empresas, famílias e casais contratam uma pessoa. Se ela passa uma imagem de "quero só faturar com vocês", o propósito se esvai. Mesmo que seja esse o objetivo. Por que se for, você vai quebrar a cara. Sabe por quê? Porque se na hora de contratar, o cliente notar que você é só $, ele vai buscar uma alternativa mais barata. O que peço a você nesse estágio do livro é para olhar para a sua vocação. Olhe para a identidade do seu negócio de fotografia. Entenda exatamente quem é você nesse negócio e o que quer entregar para as pessoas. Não vale dizer "eternizar momentos" ou criar memórias incríveis. Você pode melhor do que isso. Chris Burkard, que palestrou no TED Talks anos atrás, descobriu que o valor primordial na fotografia dele era ir aonde ninguém iria para acompanhar surfistas em regiões congeladas. Talvez eu possa entender o propósito dele como:

aventura. Ou de acompanhar aventureiros. Talvez seja ir além com algo exótico. Ele não passa despercebido e hoje é entendido pelas marcas que o contratam com seus valores mais básicos. Um fotógrafo que oferece um visual sobre a natureza fora dos padrões. Ele saiu da zona de conforto, mesmo. Ou seria melhor dizer: foi para a zona do perigo e do desconforto total. E lá a concorrência é menor ou inexistente.

Falar em propósito traz inúmeros cases dentro e fora da fotografia. Sebastião Salgado tem um posicionamento claro. Mostrar a verdade do mundo. Dos povos e regiões inóspitas. Ele se posiciona politicamente (e paga o preço por isso). Só que está bem claro o propósito dele. Um fotógrafo com apreço pela natureza e que conta com uma ONG, na região do Vale do Rio Doce, que reflorestou a região. A parte de pessoa e personalidade está muito bem resolvida no caso dele. O propósito é evidente: Sebastião Salgado já disse que teme estar fotografando a extinção do mundo. Pode ser exagerado o recurso e a frase dele, mas bate com a identidade, valores, propósito.

Potencial – O potencial é tão importante quanto o resto e pede uma tomada de decisão sempre. Qual é o potencial do seu mercado? Se você estivesse começando em 2010 eu diria que o potencial do mercado de fotografia de casamento é fantástico. Hoje já não sei dizer isso com tanta clareza. Dez anos atrás se dizia que o fotógrafo deveria ser um especialista em uma única área. Hoje, do jeito que o mercado está, parece suicídio comercial. Deve ser por isso que vemos tantos fotógrafos estilo faz tudo. Potencial serve para ver se o ramo tem ou não condições e que caminhos tomar. P de Potencial é exercício para ser feito trimestralmente dentro do seu negócio de fotografia. Para onde vai o mercado? Em 2019 saiu uma matéria nos Estados Unidos (se não me engano na Forbes) indicando que ser fotógrafo é uma das 25 piores profissões naquele país. Muito se diz que a tecnologia vai afetar nosso mercado de forma rápida. Dez anos atrás nem se falava em fotocabine. Agora é um mercado em ascensão. Uma década atrás a fotografia e vídeo com drone era inacessível, um segmento que nem existia. Em 2020 um operador de drone ganha em média 15 mil reais por mês. Cinco anos atrás, a fotografia newborn permitia a profissional desta categoria, viver só de fotografar bebês recém-nascidos. Em 2019, o que mais vi foram fotógrafas atuando em festas infantis e até parto. Profissionais que antes faziam só newborn tiveram que abraçar os mais diversos segmentos da fotografia de família. Potencial é mais relevante do que tendência. É como está agora e como parece que vai ficar. Vi uma fotógrafa de casamento e famílias mudando para a área de fotografia de decoração, arquitetura e produtos de forma muito acertada. Ela mudou porque surgiu a demanda. Abraçou um mercadaço que abre novas frentes em termos de serviços. Caso de fotos para Stories e redes sociais e até vídeos com multimídia. Olhar potencial é observar as oportunidades e ameaças o tempo todo. Para fazer isso você deve acompanhar sites como a FHOX.com.br e outros. Mas não fique de olho só em conteúdos de fotografia. Preste atenção nos sites de economia e negócios. Grandes oportunidades e prenúncios de ameaças aparecem ali. Uma notícia quase anual é da taxa de natalidade no Brasil. E nos últimos anos os artigos sobre o tema mostraram que nascem menos bebês por ano e que a tendência é de cair pela metade do que é hoje em poucos anos. Traduzindo: o mercado de fotografia newborn vai encolher. Encolherá junto, a fotografia de crianças com menos aniversários, batizados, gestantes e partos. O que isso quer dizer? Representa metade da oferta de trabalhos para os fotógrafos brasileiros do que temos hoje. É uma redução considerável. Não, não estou dizendo para você sair do ramo. Considere só as oportunidades e alterações de comportamento. Olhe o que vem por aí sempre. Em um capítulo mais adiante mostrarei oportunidades e ameaças para 2020.

O que precisa ficar claro para você é que tendências podem até ser perigosas. Basta lembrar que alguns anos atrás Trash The Dress era uma grande novidade, hoje é coisa comum e muitos noivos nem acham tudo isso. Não que não tenha valor, mas o que temos que observar é que o clássico segue com força e é atemporal. Quer dizer: um casal vai querer um ensaio nos moldes que sempre existiram na fotografia desde muitas décadas atrás. Potencial vai além de prestar atenção no mercado hoje. Porque o que hoje vai bem, amanhã pode sumir. A fotografia de casamento segue existindo porque os casamentos não deixaram de existir. Contudo, o comportamento dos casais mudou com a crise e com o aumento da competição. Que fique claro, muitos fotógrafos que atuam há anos nesse mercado seguem faturando bem. Só que tiveram que se adaptar a uma nova realidade. Ajustaram formatos, produtos e até quanto cobram. Talvez tenham que trabalhar mais, talvez tenham que atuar em outros segmentos junto. Talvez tenham que oferecer vídeo junto. Enfim, ter esse olhar para o potencial do mercado sempre é bom. Porque as coisas mudam e não seria saudável você ser pego de surpresa. Você pode perguntar nessa parte o seguinte: ok, mas como faço para ficar por dentro? Acompanhe sites de fotografia daqui e de fora. Faça pesquisa nas redes sociais do mercado em que você atua. Procure o que os seus clientes estão postando. Preste atenção nos concorrentes da fotografia. Preste atenção mais ao que é feito do que é dito. E claro, acompanhe a FHOX sempre que puder www.fhox.com.br

Uma forma de olhar o Potencial é fazer a análise SWOT. Um antigo recurso do marketing que indica o que precisa de atenção e o que pede mais investimento porque dá certo. Coloquei um modelo de análise SWOT para você olhar e fazer o exercício:

Tente não ser vago nas indicações das suas fraquezas, força, oportunidades e ameaças. Repare que muitas vezes a ameaça também gera oportunidade e vice-versa.

Produto é cocriação e já vimos antes. Criar de forma colaborativa não quer dizer que o cliente tem que fazer junto com você. Podemos entender esse comportamento sob outro ponto de vista. De que o seu papel pode ser o de ouvir mais. Entendendo, assim, as reais necessidades daquele consumidor. Essa é uma forma de cocriação que nem sempre vemos por aí. Fotógrafos parecem muitas vezes preocupados em criar para o próprio ego. Seja para ganhar prêmios ou ganhar muitas curtidas e seguidores ou ser ovacionado em algum palco. O problema é que isso não representa a realidade do mercado. Consumidores 4.0 querem e podem compartilhar e participar porque hoje contam com ferramentas conectadas, nas suas mãos. O smartphone é mais do que um adereço ou item de status. Devemos usar a ferramenta de forma efetiva. Como? No WhatsApp você consegue acompanhar em tempo real o que o cliente quer. No Instagram você consegue fazer pesquisas com enquetes e ver exatamente o que eles acham interessante. Tanto em uma plataforma como na outra dá para interagir na hora. Trocar ideias, discutir sobre possibilidades. Dá para ir além. Ou seja, você não precisa mais ir até o cliente fisicamente para saber o que ele pensa. Ficou tão fácil e imediato e isso pode ter o outro lado também. Fotógrafos que trabalham muito e atendem muitas noivas ou mães estão estressados com redes sociais em geral. Dizem que é um grande desafio equilibrar todas as tarefas e atender os clientes nesses canais. Porque eles pedem foto na hora e querem respostas naquele momento. De fato, é desafiador. Se você não consegue lidar com isso temos um problema. Crie uma conduta e esteja preparado para tratar com os consumidores nessas condições. O que isso tem a ver com produto? Tem tudo, porque você vai criar ouvindo e conversando. E as ferramentas servem para ditar esses desejos.

Produto criado com a ajuda dos clientes para depois ser personalizado de forma única. Até por que você consegue criar algo com a cara da família que está atendendo. Ou de uma empresa. Nessa parte do produto, além de personalizar com a foto, existe a importância de outros pontos. Prazo de entrega é uma parte muito sensível do negócio. Se você demora para montar e entregar, isso gera um sério abalo na imagem da sua marca. Lembra que os clientes julgam tudo? Pois prazo é uma das piores coisas. É como ir a um restaurante celebrado e tudo é maravilhoso. O estacionamento, a recomendação nas redes sociais, o local, a mesa e o atendimento. O menu promete e tudo vai bem com as bebidas. De repente você percebe que está demorando em excesso e pergunta para o garçom. Ele diz que vai ver e volta dizendo que já vem. E demora, demora. Já passou por isso? Talvez em um restaurante com perfil diferente ou, quem sabe, em uma lanchonete onde você vai com frequência e adora como tudo funciona quase sempre do mesmo jeito. Até o dia em que nada funciona direito. Você também não fica irritado? Aqui entra um comentário meu de coisas que não entendo com fotógrafos. Por que demoram tanto para entregar o álbum? Por que não podem escolher as fotos para mim? Por que não criam um sistema que melhore esse procedimento de seleção e montagem dos produtos? Conheço fotógrafos que escolhem tudo e entregam na metade do tempo comparado com outros fotógrafos. Alguns que entregam muito antes inclusive. Só que eles não prometem. Na realidade, seguem um estilo mais acertado: prometem para depois e entregam antes. Isso é bem poderoso. Prazo é parte do conceito de produto. Tome muito cuidado com seu prazo de entrega.

Produto é tudo que é personificado com fotos impressas. Vale para fotopresente, álbum, decoração com fotos, fotos avulsas. Por favor, saiba muito das especificações da mídia. Se o cliente perguntar quantos anos vai durar essa foto, qual será sua resposta? E o meu álbum, vai durar quantas décadas? Pior é se o produto estraga depois de um tempo e de forma inusitada. Imagine que você decide economizar no parceiro de impressão e dois anos depois recebe do cliente uma mensagem de que as fotos estão desaparecendo. Nem preciso lembrar que é como se o dinheiro que ele pagou estivesse sumindo junto. E estamos falando de algo ligado a questões emocionais atrelados diretamente com algo físico. O que quero dizer é que esse álbum ou produto impresso é uma joia daquela família. De um cliente que viveu um momento importante e o produto deve acompanhar no mesmo nível essa entrega.

Promoção – deixei preço e promoção por último de propósito. Fotógrafos gostam de divulgar as fotos e vender ensaios antes de fazer todo o resto. Chega a ser doloroso assistir ao processo tão comum. O fotógrafo compra a câmera, cria um site ou conta no Instagram. Faz alguns workshops, cursos e começa a divulgar meramente postando as fotos nas redes sociais e dizendo: venha fotografar comigo seu evento social e corporativo. O problema nessa postura é que você não fez os outros passos e não definiu uma estratégia ou planejamento. Ok, você pode dizer que é do tipo que vai começar de qualquer jeito e que promover e definir preço é o mais rápido. Depois eu acerto meu marketing. Vou ajustando no caminho. Só que fica sempre para depois e existe outro risco: de você não conseguir voltar e ter de refazer tudo. Se você não tem posicionamento, segmentação e alvo. Se não tem produto, nem ponto, como vai definir preço e promoção? Mas, voltando: promoção é conversa, nessa nova fase da fotografia. Para mim, hoje, o Instagram é a nova casa do fotógrafo. Totalmente focado em imagens, com recursos interativos, diretos e rápidos que foram criados para gerar conversas. Você pode perguntar se o cliente prefere um tipo de ensaio ou outro. Você pode fazer uma Live mostrando os bastidores de um trabalho. Você pode criar enquetes e até entrevistar um parceiro. Você pode colocar Gifs e entrar na nova brincadeira do meme da vez. O Instagram no Brasil está na casa dos 100 milhões de usuários. Talvez já tenha passado disso. O público comprador em diferentes faixas etárias está lá. E você consegue encontrar e divulgar para localidades específicas. Seja usando a marcação de local ou usando as hashtags. Um exercício bacana para fazer nas horas vagas (ao invés de ficar perdido no interminável passeio no Stories) é procurar as hashtags mais usadas pelo seu alvo. Se são as mães, quais marcações com hashtags elas estão usando. Preste atenção e anote. Conheço fotógrafos usando a hashtag de forma efetiva e vendendo, de fato, usando o recurso. Existem fotógrafos que criam hashtags porque acham bonitinhas e por uma questão de ego. A serventia disso é mínima e não traz resultado algum. O Instagram reúne um pouco de todos os recursos que estão ligados aos 9 P's do marketing na fotografia. E a base de tudo é a promoção (porque é uma conversa). Minha dica para você é simples. Aprenda tudo o que puder, mas de novo, faça e teste e teste de novo. Melhor colocar em prática do que ficar só estudando sobre o assunto. O Instagram pode deixar de ser o grande canal para fotógrafos? Pode, mas na última década foi esse canal que, aos poucos, se estabeleceu desde que foi comprado pelo Facebook. Na verdade, já mostrava potencial antes mesmo da aquisição. Propósito, personalidade, pessoa, parcerias, produto, ponto, presença, potencial e por aí vai. Está tudo dentro da plataforma. Mas não só nela. Lembrando que o Google é tão importante quanto o Instagram. Pois as pessoas podem te encontrar por ali. E você, fazendo um trabalho orgânico bacana, pode ter excelentes resultados no tempo com as técnicas de SEO. Só não fique escravo das regras e se atualize sempre. Pois tanto no Insta quanto no Google, os algoritmos mudam e você vai ter que se ajustar. Lembrando que na estratégia de ataque aos clientes existem duas frentes. Uma delas é de olhar mais para os 20% dos seus clientes que estão na internet e que podem comprar de você mais vezes. Aqueles que geram ou podem gerar 80% do seu faturamento. Nesse caso você precisa ter milhares de seguidores? Não. O que não quer dizer que os outros 80% que não compram de você não possam te seguir e passar a comprar. Temos que trabalhar para atender aos dois grupos. Pensando assim, o Instagram é melhor para chegar e se relacionar e promover com os 20% compradores. E o Google é perfeito para atrair os 80% que não compram. Seja em um caso ou no outro, o aspecto da conversa segue importante. Você precisa gerar conversas. O que Seth Godin chama de marketing que não parece marketing. Gary Vaynerchuk, do ótimo livro Nocaute, diz se tratar de um anúncio nativo. A propaganda nativa passa com força na timeline. Ela tem cara do local onde está. Ter perfil de Instagram no Insta e de Facebook no Face e YouTube no YouTube. Isso quer dizer: que devemos tomar cuidado em achar que replicar o mesmo conteúdo em diferentes plataformas terá o mesmo resultado. Normalmente não tem. É importante adaptar e entender cada plataforma. E você não precisa estar em todas.

A promoção não ocorre só no ambiente on-line. Ela deve ser feita nos pontos físicos dos parceiros. Uma loja de produtos para pets recebe clientes todos os dias que poderiam comprar uma sessão pet. Colocar só um folheto no balcão é bacana, mas não gera conversa. Propor e criar um evento para um sábado nesse parceiro, com direito a sessão de família junto ao animalzinho, gera experiência, conversas, divulga sua marca e ainda faz aparecer nas redes sociais dos clientes e do próprio parceiro. Uma exposição fotográfica em uma clínica que atende gestante faz o mesmo efeito. Com inauguração da mostra das fotos de clientes da clínica, feitas pelo fotógrafo. Isso é bom para o parceiro e para você. Para os clientes é uma honra. Eles se sentem valorizados em decorar um ambiente com suas próprias fotos. No P de promoção, que é uma conversa, devemos levar em consideração que esse "papo" também ocorre na cabeça do cliente. Ele julga o que você faz no primeiro 'olá' até a entrega final do produto. Fazer todas as etapas de forma cuidadosa é a diferença entre vender uma próxima oportunidade, ou não, para esse mesmo cliente. A promoção envolve todos os outros P's do marketing. O produto bem feito vende e indica seu trabalho para aquela família que está vendo as fotos na casa de um amigo. "Esse fotógrafo é excelente. Eu super indico e olha esse álbum que ele me deu!". O ponto, seja ele digital ou físico, vende o negócio. Se o cliente entra no seu site ou Instagram e vê um erro de português ou aquela frase jargão (eternizar momentos ou comecei a fotografar desde pequeno) isso gera uma percepção ruim. Ou por que ele nota que você é comum (e daí vai procurar um comum mais barato) ou pela falta de cuidado com os detalhes. Se não corrige o texto no site, o que dizer dos produtos que vai me entregar.

Passa pela personalidade que você vende. A sua mensagem nos diferentes canais passa uma percepção que atrai clientes que acreditam naquilo que você emite como pessoa. Logo, tenha cuidado com o que transmite em tudo o que está relacionado a sua marca. Aliás, o marketing na essência é de ponta a ponta. Da mensagem no WhatsApp até a entrega do produto. Todas as etapas contam muito no processo. Seja cuidadoso. Quer exemplos? "Ah, esse fotógrafo tem a minha cara. Acho que ele pode criar algo para mim".

Ou se ele entrar no Instagram e observar que um post no Stories tem uma piadinha sobre clientes que reclamam de preço, ele vai pensar na hora "ah, esse fotógrafo vai me dar trabalho. É do tipo reclamão". Os clientes julgam tudo, o tempo todo e não há muito que você possa fazer sobre isso. Tirando a chance poderosa de surpreender sempre que puder. Se no encontro com os noivos, o fotógrafo diz que só trabalha com fornecedores certificados com preocupação ecológica, isso diz muito sobre o propósito do fotógrafo. E ter um propósito, vende. Desde que seja autêntico. Porque se você não acredita naquilo e faz só para vender, os clientes têm um radar para isso. Essa é a razão pela qual comentei inúmeras vezes aqui da importância da estratégia e posicionamento estarem alinhados com produto, promoção e tudo mais. Não sei se ficou claro nessa altura do livro. Mas espero de verdade que você tenha compreendido que os alicerces do seu STP, junto com o marketing 4.0 e os 9 P's são fundamentais para que você consiga ter coerência, consistência e impacto frente aos concorrentes e clientes.

Preço é recorrência na nova fase da fotografia. É conseguir fazer de tudo para que o consumidor retorne e queira comprar de novo. Seja pela confiança ou porque curtiu a experiência. Porque ele aprendeu a valorizar as memórias, graças ao seu trabalho. Preço ganha valor quando você soluciona um problema.

Ter fotos belas do aniversário, da formatura e afins, convenhamos que de todas as nossas necessidades mais primordiais, a fotografia está bem longe de ser prioritária. Portanto, é bom você trabalhar direitinho e cuidar para que todas as etapas sejam tranquilas e, na medida do possível, encantadoras. Já vi fotógrafo resolvendo pepinos nada a ver com a fotografia na festa de casamento e nunca mais foram esquecidos por aqueles clientes. Preço é recorrência quando o cliente (família ou empresa) lembra sempre de você nas datas importantes. Na festa de fim de ano da firma que precisa de um profissional, no batizado do filho, nas bodas dos avós. A indicação e o boca a boca são linhas muito próximas na condução de um bom negócio que gera recorrência. Como já expliquei antes, a forma prática e fria de ver a recorrência é quando o fotógrafo consegue pagamentos frequentes durante um ano. Para um casamento agendado para daqui a dois anos, o casal decide começar a pagar em 24 parcelas. O acompanhamento do bebê (você já fez as fotos da gestante e do parto) e ficou combinado que o serviço acompanhe o crescimento da criança de três em três meses. No primeiro ano (tão marcante para a família) vai culminar em batizado e aniversário. São formas de gerar pagamentos frequentes mensais que cabem no bolso do cliente. Você garante um número mínimo de faturamento e isso é saudável. Lembra-se do Menor Mercado Viável? Digamos que seu número MMV seja de 50 clientes/mês. E que você atinja esse objetivo e que agora está com os 50 pagantes mês. De nada adianta bater o número que tanto buscava para vender só por um mês ou dois. A recorrência ajuda a ter isso fechado, de forma previsível e controlada. Preço é recorrência e ajuda até na estratégia de negociação e para negócios de foto que cobram mais caro. Pois, na minha visão é melhor cobrar parcelado em 12 vezes de algo com mais valor adicionado do que dar descontão e receber de uma vez só. Claro, faz-se necessário controle de gestão financeira para não se perder nesses números. Preço pode ser ancorado. Fotógrafos de grife costumam trabalhar com três coleções, da mais barata até a top. Porque querem vender a do meio. Digamos que a do meio custe 10 mil reais. E ele transforma em recorrência cobrando em dez vezes no cartão. Acho que nem preciso dizer que você precisa de um meio de pagamento que possibilite isso. A melhor forma é ter uma maquininha ou usando os serviços de apps de meios de pagamento. Caso de PagSeguro e PicPay. Ambos permitem parcelamento e nem precisa de maquininha. O modelo dos três pacotes de cobrança para casamentos, famílias e outros serviços é muito usado ainda para ancorar preços. Se o cliente acha 20 mil muito caro, o do meio - de 10 - fica mais palatável, mesmo sendo ainda caro. Tudo aqui como exemplo, ok? Talvez você se lembre da história do fotógrafo de casamento mais caro do Brasil. Ele cobrou 200 mil reais para fotografar um bilionário. Pois bem, deu muita mídia (notícia vende) e repercute até hoje (já que estou comentando). O que fica claro dessa história que o fotógrafo mais caro do Brasil fica barato para qualquer outro serviço abaixo de 200 mil reais. Talvez o pagamento tenha sido um carro importado, um imóvel, ou algo do tipo. Talvez nem seja verdade, mas alguém disse que foi real. E o marketing está feito. Aqui, o case que posicionou esse fotógrafo foi justamente algo absolutamente fora do padrão. Nem todos podem fazer isso, sem falar que existe o risco de você ficar marcado com o peso de ser muito caro, inacessível. O que proponho é que você tome cuidado com o posicionamento que está colocando para seus clientes. Pois eles podem acreditar naquilo que você mostra. O fato é que o case acima é real e serve como ilustração de ancoragem de preço. O fotógrafo pode ter pacotes mais caros para deixar outros mais palatáveis. Tudo é uma questão relativa quando o assunto é posicionamento de preço. E preços, sim, também servem como posição de mercado e ferramenta de marketing.

O cruzamento de preço com promoção entra nessa etapa da conversa quando o fotógrafo faz uma ação promocional de desconto. Digamos que o fotógrafo cria uma campanha de Black Friday. Um mês depois faz outra promoção e quando vê, está fazendo algo promocional a cada duas semanas. Os clientes que seguem o fotógrafo reparam que ele virou um agente de descontos frequentes e esperam a próxima onda com precinhos.

Toda vez que faz isso, aquele profissional perde em margem e está perdendo dinheiro. Se uma marca quer se manter valorizada e em evidência pelas fotos ou produtos ou pela experiência, aplicar no preço o caminho para aparecer e vender é o caminho para o fracasso.

A guerra de preços não vem de hoje. Fotógrafos de todas as áreas sofrem com a concorrência desleal e muitas vezes cobrem as ofertas para sobreviver. Tenho que pagar minhas contas é a frase recorrente. Eu entendo, só cuidado para não entrar no fluxo dos descontistas e não conseguir sair nunca mais. Aquele consumidor comenta com uma amiga que conseguiu um belo desconto com você. Bastou pegar um orçamento melhor com um concorrente. E o ciclo se estabelece e começa a comer toda a sua rentabilidade. Sei que não é fácil. Se quer saber como atuar e atacar o consumidor e se defender, você terá que ter uma estratégia. Dar mimos, considerar mais parcelamento e vender algo que só você consegue oferecer.

Na teoria, tudo muito lindo. Na vida real, a situação é bem mais complicada. Como sair dessa? Existe uma trilha simples para responder ao ataque dos preços baixos. E o nome do jogo é: produto de ataque. É mais barato só que oferece menos coisas. Menos fotos em um álbum mais barato, menos tempo seu no evento. É a oferta do quarto pacote entre os três que tinha comentado antes. Quer dizer o seguinte. Tenha 1 (barato com menos tempo e custo menor), 2 (produto de entrada básico e melhor que 1 com mais tempo e produto superior), 3 (produto intermediário que você quer vender, que prevê mais tempo e produto sofisticado com a margem que é ideal) e o 4 que é o super produto que envolve mais tempo e serve de ancoragem para o preço 3. Ou seja, o 4 ajuda a vender o 3. Quando eu lançar a versão intermediária desse livro ela certamente custará mais que a versão básica. Considero isso como parte da minha estratégia. Se o fotógrafo que começa na fotografia aplicar alguns dos conceitos e entender que o marketing é importante na fotografia, creio que ele terá bons resultados e comprar um livro que custará 30 a 50% a mais do preço desse não será tarefa complicada. No fim, o que quero é ver o máximo de entrantes da fotografia investindo no marketing para nivelar nosso mercado por cima. A versão avançada do marketing para fotógrafos vai custar o dobro ou talvez mais. Exemplifiquei uma estratégia de preço com base em valores e percepções.

Preço normalmente é visto pelos fotógrafos como um estorvo. Faço meu preço com base nos concorrentes (e isso é arriscado), faço meu preço na base do achismo (isso é bem arriscado) ou faço meu preço com base nos custos + margem. A plataforma Photocontrol.com.br tem uma ferramenta que define preço com base em todos os custos envolvidos e você ainda insere a margem que quer para aquilo que está vendendo. É de graça por alguns meses. Recomendo. Só entenda que a diferença no que o consumidor vai pagar no seu produto vai depender da margem. E essa margem tem relação com o seu marketing, experiência, percepção de valor geral.

O risco para o mercado fotográfico é real. A guerra de preços vem corroendo pelas bordas no passar dos anos. Agora chegou num ponto lamentável, que até parece sem volta para muitos. O ticket médio de casamento, por exemplo, caiu muito. Não me parece mero acaso que o tempo de vida de um fotógrafo no mercado caiu para 12 a 18 meses. Antes eram dois anos. A razão para a queda na percepção de valor tem relação com o fato de os fotógrafos entrantes terem outros trabalhos. Como assim? O fotógrafo de fim de semana que durante a semana faz outras coisas como um emprego fixo etc. Ou de alguém que começou agora e não sabe quanto cobrar e decide cobrar muito pouco sem fazer conta nenhuma. Normalmente esses profissionais do precinho não entregam produto impresso e só dão os arquivos digitais. E tudo o que é digital tende ao valor zero. Porque a oferta é grande (de fotógrafos) e a diferenciação é mínima. Preço para a fotografia digital vai seguir caindo e você deve prestar atenção nisso com muito cuidado.

O impresso e o preço. Produto é físico. Eu costumo dizer que a fotografia digital é a matéria-prima bruta. Ela é sim um produto, mas já vimos que tem valor muito baixo em um mundo repleto de arquivos. Já a foto no papel e nos mais diferentes substratos se torna palpável. Ganha valor. Sem foto no papel, a fotografia profissional deixará de existir. Laboratórios fecham, a indústria definha. Acredito que sem foto impressa até os fabricantes de câmeras serão afetados diretamente. Para as famílias, pior ainda. Sem memórias das crianças e sem algo para tocar. Existem pesquisas que comprovam a ligação emocional da pessoa com a fotografia do ente querido. A fotografia impressa é uma experiência sensorial, emocional. Se toda sessão fotográfica gera uma experiência, a obra personificada do fotógrafo é o álbum, a decoração com foto e assim por diante. E, finalmente, se for cobrar muito barato ou achar que a estratégia do preço baixo é o melhor chamariz, pense de novo. Talvez o caminho mais apropriado seja usar a força do grátis. Melhor do que o baratinho e tão poderoso quanto o preço justo. Dar mimos é uma verdadeira ferramenta de marketing da generosidade.

O poder do grátis!

"É melhor dar de graça do que começar cobrando errado!". Em tantos anos de mercado, ouvi essa afirmação já algumas vezes e concordo com ela. O grátis é forte sob diversos aspectos. Os exemplos do nosso e de outros mercados comprovam isso.

– Você chega na padaria e o atendente te mima com um docinho ou um pão de queijo. Ele quer dizer: veja como é bom e você não vai se arrepender.

– Na Starbucks perdi a conta de vezes que vi o time de baristas servindo amostras de novos produtos. O colaborador leva em uma bandeja os pedacinhos de um novo doce ou algo do gênero. Ele quer dizer: veja essa novidade que fizemos. Prove e veja se não vale a pena.

– No supermercado, o grátis domina em ações de marcas de um pouco de tudo. Eles querem mostrar: prove, conheça e não se arrependa.

– Na ótica, você "ganha" a caixa dos óculos ou o paninho ou um spray de limpeza. Aqui a ideia é o inverso. Compre e ganhe um presentinho.

– Nas concessionárias, você "ganha" tapetes e opcionais. O convencimento na compra de um produto tão importante quanto um carro envolve presentes mais caros. Até o IPVA entra no jogo.

Desde os primeiros estúdios europeus, a ideia de receber algo sempre esteve presente. Você ganhava no mínimo uma experiência. A fotografia era algo tão novo, que no século XIX, a sessão fotográfica que tomava tempo e era trabalhosa era um chamariz. A clientela pagava pela foto em uma peça especial e o retratado ganhava justamente toda aquela vivência única.

Hoje, o grátis são fotos extras no pacote vendido. São lâminas a mais no álbum. São mais horas na festa ou uma gravação exclusiva com drone que não estava inclusa. É o álbum menor a mais para dar para os pais dos noivos.

O gratuito não é uma estratégia simples. A "pegadinha" é não fazer conta ou entregar em excesso e desvalorizar a oferta e seu negócio. "De graça até luz de flash na fuça". Só que não é bem assim. Os mimos são uma forma de atrair, seduzir, manter e premiar. "Gaste mais comigo e te dou esta foto para decorar a parede."

O poder do grátis é efetivo se pensado com calma e de forma planejada. Pois se você exagerar vai destruir o valor da marca. "Eu vou esperar para ver o que ele vai me dar". E quando a gente vê, o mercado está viciado nas benesses mais surreais.

Um estúdio com espaço de cenários temáticos que dão direito a um clique degustação ou faça sua festa aqui. Pague o ensaio e ganhe um minievento grátis.

Uma loja com aulas grátis de fotografia para os clientes mais especiais.

A empresa de foto de formatura que premia determinados formandos com um fotopresente.

A indústria que leva câmeras instantâneas para dar fotos na hora de presente em um evento importante. Ou em um parque, restaurante ou estádio.

Grátis é uma palavra clássica do apelo do marketing tão forte quanto desconto, novo ou promoção imperdível. Parece indicar generosidade e serve aos clientes mais recentes ou àqueles que gastam mais. Depende da sua estratégia. Aliás, qual é seu plano mesmo?

No livro "Free", Chris Anderson mostrou cases de empresas que tinha clara proposta grátis. Caso do Yahoo com Flickr, dando armazenamento grátis e ganhando com os clientes que pagam para ter espaço extra.

Uber antes se chamava UberCab e dava descontaços para clientes que indicavam passageiros. Até hoje eles fazem isso. O grátis com efeito boca a boca. Dropbox, Google e Amazon Prime também têm ofertas similares. Netflix ficou famosa por "dar" 30 dias de graça. Agora parece que vão rever a oferta.

Fotógrafos experientes e negócios de foto astutos presenteiam com parcimônia. Não dá para gerar gratuidade para determinadas coisas. Você não dá um álbum de casamento. Você não dá uma cobertura completa de uma festa infantil. Um item extra sim. Um slideshow. Algum mimo de decoração. Depende da criatividade.

Melhor do que dar um descontinho é presentear. O primeiro é concessão e o segundo cortesia. Na era digital é melhor usar o grátis do que vender preço desesperado. A diferença entre as duas coisas é gritante: na definição do grátis a relação direta é benevolência, franqueza. Aquilo que é gracioso leva ao lucrativo.

Barato é módico, comum e acessível. Logo, muito barato é banal e mal-arranjado.

Então, sim, o grátis é mais poderoso do que o baratinho. É generosidade e recompensa para um cliente que ficará muito grato.

Não, não quer dizer que você vai trabalhar de graça. Quer dizer o contrário: que você vai cobrar muito bem (dentro do possível) para poder brindar quem realmente merece. E de quem estamos falando? De quem pagar bem.

Coloquei no Facebook a seguinte pergunta: Qual dica de marketing você daria para um fotógrafo iniciante?

Os fotógrafos que responderam foram veteranos, na sua grande maioria. Na sequência, perguntei para quem respondeu a primeira pergunta, o que eles diriam para eles mesmos se pudessem voltar no tempo quando começaram na fotografia. Veja as respostas.

Paul Storch

Dica para quem começa: Fazer marketing.

Dica que ele daria para ele mesmo no começo da carreira: Muito simples. A fotografia é uma área delicada. Confundimos a nossa vontade de evoluir com falta de qualidade e acabamos por sabotar o nosso marketing quando o trabalho que fizemos ontem já não nos satisfaz como o de amanhã. Vejo muitos fotógrafos passarem por esse padrão e acabam por não se promover tanto como deveriam. Talvez essa seja a minha maior dica para o eu de ontem.

Leandro Selister

Dica para quem começa: Repensar a profissão

Dica que ele daria para ele mesmo no começo da carreira: A fotografia sempre foi mais paixão do que profissão e talvez, por isso, eu estou sempre repensando e experimentando. Inclusive ando pensando nela como negócio. Quem sabe? Sou um pouco avesso a regras e receitas. Existem vantagens e desvantagens com essa postura, mas não me arrependo do que construí e pretendo continuar construindo.

Thiago Gimenes

Dica para quem começa: Entenda sobre propósito e estampe esse propósito na sua marca.

Dica que ele daria para ele mesmo no começo da carreira: Diria para não me preocupar tanto em divulgar e agradar todo cliente. Para centrar o esforço em descobrir o propósito e fazer exatamente o que leva a esse propósito (e não fazer NADA que vá contra) e, assim, os clientes que se identificam com esse propósito vão te notar e desejar. Quem tem propósito, cria uma marca e marcas se vendem, mas são as pessoas que compram.

Daniel Freitas

Dica para quem começa: Encante seus clientes a ponto de eles se apaixonarem por você e pelo que está vendendo. Isso se transformará em indicação orgânica, que ainda é a maior e mais forte ferramenta de prospecção de novos clientes.

Dica que ele daria para ele mesmo no começo da carreira: Já tenho feito diferente. Mudou e tem mudado muito. De dois anos para cá tenho sentido muito. Mas eu teria pensado menos em fotografia e mais nas pessoas. A fotografia comercial é carente de pessoas que os entendam. Acho que a fotografia hoje é mais humana, mas quando comecei eu pensava muito em não errar, em fazer alguma foto incrível, seja em composição ou em momento. E isso virava um fardo, e vejo hoje que não é isso que faz o cliente pagar a mais por um profissional que ele quer. A relação humana é o fator X do negócio. 2019 foi o meu melhor ano de faturamento, foi o ano que mais me dediquei aos meus clientes. Mas uma coisa que teria feito se pudesse voltar lá em 2014: aproximar mais dos meus clientes, mães, grupos de maternidade.

Vinicius Carvalho

Dica para quem começa: Estudar bastante, ter um bom portfólio, já ser um bom fotógrafo, para então se lançar ao mercado. Tem muita gente queimando preço já no começo por não saber direito o que está fazendo e entregando um produto ruim. Queima a si mesmo e os colegas.

Dica que ele daria para ele mesmo no começo da carreira: Acho que isso é o princípio de tudo. A base. Antes de pensar em marketing digital, vendas, é preciso ter um bom produto e domínio completo do que faz.

Bauer Rodrigues

Dica para quem começa: Fotografe muito. Aprenda muito e crie uma linguagem própria.

Zé Mário

Dica para quem começa: Monte portfolio, principalmente no Instagram. Não tem conteúdo? Faça mais barato, vá como assistente de outro fotógrafo em eventos e depois de um bom recheio nas redes sociais, gastar um pouco de dinheiro com impulsionadores, como o bume.

Cicero Silva

Dica para quem começa: Diria que de nada vale aprender diversas técnicas de marketing, se não colocar em prática pelo menos 20% delas.

Flavio Guedes

Dica para quem começa: Trabalhe honestamente, e cobre o preço justo!

Isabel Machado

Dica para quem começa: Faça uma fotografia se conectando com a história do seu cliente. Se entregue, se envolva de forma verdadeira em todas as etapas do trabalho. O resultado disso é uma fotografia que entra na emoção das pessoas, que vai ser indicada naquele grupo e assim vai se formando a melhor clientela: a que gosta e valoriza o que você faz!

Júlio Lima

Dica para quem começa: Não dê ouvidos aos marqueteiros. Fotografe para a sua comunidade, cobre o valor que você pagaria a um fotógrafo.

Dica que ele daria para ele mesmo no começo da carreira: Não deseje tanto aumentar seu ticket médio e entregue sempre fotos impressas, sempre.

Yul Barbosa

Dica para quem começa: Ter um site. Usar o Facebook e o Instagram para levar o público para este site. E criar muito conteúdo que crie valor para o cliente.

Dica que ele daria para ele mesmo no começo da carreira: Teria bastante coisa para dizer. Uma delas seria para acreditar no Instagram desde o início e criar presença nele no dia um da rede. Hoje eu domino a rede, mas demorou muito tempo para isso acontecer. E, talvez, a segunda fosse já investir em ensaios femininos no formato que eu faço hoje. Demorei para encontrar o "nicho" certo.

Fernando Ferreira

Dica para quem começa: Juro que nestes 15 anos que estou neste meio eu diria uma coisa - aprenda marketing digital! Conheço muitos fotógrafos com fotos medíocres, mas trabalhos top no marketing que estão ganhando rios de dinheiro e fotógrafos com uma técnica fenomenal, mas sem um puto no bolso porque não têm cliente.

Nínive Macedo

Dica para quem começa: Entender o seu público (que você pode escolher) e fazer tudo pensando nele. Vai ajudar a tomar as decisões certas e entender o que são oportunidades reais e o que é só um desvio de foco.

Dica que ela daria para ela mesma no começo da carreira: Nesse caso, eu falaria sobre negócios. O principal seria entender que o negócio só existe se ele não depende 100% de você. Que você só cresce de verdade quando entende que precisa delegar e fazer outras pessoas participarem do processo e crescerem juntas. Porque, no final das contas, de nada adianta você criar um serviço incrível e perfeito se, para isso, você precisar trabalhar 24h por dia, usar todos os métodos de produtividade possíveis e no final ter entregado apenas 1 dos 4 eventos que você fez no último mês. Ser realista na viabilidade daquilo que você está vendendo é essencial. Demoramos muito para entender isso, e nos custou bem caro na qualidade de vida.

Ou você fica preso a um trabalho que é o máximo que consegue entregar, ou cria algo maior e reúne outros talentos para crescer com você.

Se eu encontrasse agora Os Brigadeiros Filmes de 10 anos atrás, eu diria: entendam e desenvolvam o seu lado empreendedor sempre um passo à frente do quanto vocês desenvolvem a qualidade do trabalho, porque é essa visão que vai ajudar a chegar mais longe.

Levi Iazzetta

Dica para quem começa: Estude

André Helwig Gross

Dica para quem começa: Esteja presente e, com frequência, nas redes sociais e tenha um bom site, com suas melhores fotos. Defina seu público e conheça-o, para saber oferecer os produtos e serviços que ele deseja, com o valor que ele pode ou quer pagar. Ah, tenha muita paciência e persistência.

Raphael Botelho Bittencourt

Dica para quem começa: De uma maneira bem resumida - entender os conceitos de valor real e valor percebido e saber aplicá-los ao seu produto/serviço. A partir daí identificar se existe margem/possibilidade para lucro no que você está oferecendo. Se não, saber identificar outro produto/serviço onde o balanço entre valor real e valor percebido seja favorável.

Karina Brandão

Dica para quem começa: Não siga um milhão de fotógrafos e nem tente fazer como "eles". Mostre a cara nas redes sociais, monte um portfólio muito bom e acredite naquilo que você está vendendo!!!

Cibele Bergamo

Dica para quem começa: Enquanto as pessoas acharem que fotografia é um produto, não irão vender. Podem fazer até propaganda no intervalo da Globo! Não vão vender.

Camilla Mello

Dica para quem começa: Conheça seu público alvo, precifique e veja se as expectativas preço x valor estão alinhadas.

Tibério Hélio

Dica para quem começa: A dica vai não só para quem está iniciando, mas também para os que estão no mercado há muito tempo.

Dica número um: surpreenda de alguma maneira o seu cliente.

Dica número dois: entregue mais do que ele comprou.

Dica número três: saiba que todos que estão em um evento são seus clientes em potencial, então faça com que no mínimo cinco pessoas da festa saiam com seu contato e isso é muito fácil de fazer!

Mário Bock

Dica para quem começa: Seja honesto e cumpra a missão produzindo fotos com qualidade, rapidez e gentileza. Simpatia e carisma são fundamentais.

Wagner Alves

Dica para quem começa: Seja humilde, respeite seu cliente e faça com amor seu trabalho! Para mim tudo começa por aí!

Diego Ferreira

Dica para quem começa: Não trabalhe de graça. Não faça trabalhos em troca de favores ou por amizade. Já inicie seu trabalho cobrando por ele. Estude, se qualifique e cobre por isso. Se não souber o valor a cobrar, ao menos cobre um valor que cubra os gastos. Não trabalhe por misérias, valores simbólicos. Só assim irão te valorizar pelo seu trabalho. O fotógrafo não está fazendo um favor, ele está trabalhando, e precisa receber por isso. Tenha bom senso e cobre um valor condizente pelo que você pode oferecer.

Edyr Sabino

Dica para quem começa: As redes sociais me mantêm presente quando não faço eventos. O que me dá um boom mesmo são meus selinhos (não entender beijinhos na boca, pois algumas mulheres me pedem selinhos deste tipo durante minha ação como personagem LambeLambe) e meus displays de LEDs na bolsa e na câmera. Quando cubro algum evento, meu site, LambeLambe.com, bate altos picos de visitações. Um exemplo: no Carnaval do ano passado, 10 mil fotos bateram a marca dos 15 milhões de visitas em 30 dias. Alguns eventos específicos dão picos grandes de visitas, que às vezes tiram meu site do ar.

Paul Storch

O primeiro e urgente é entender o marketing. Falam em aprender e ter um bom produto. McDonalds tem bom marketing. Marketing é promover o produto e criar a necessidade, independentemente da qualidade.

Coloque a mão na massa

Exercício – Se você chegou até aqui, parabéns. Se você pulou direto para essa parte, sem ler os outros capítulos, tudo bem também. A diferença é que você terá que retornar para acompanhar e fazer tudo direitinho. Vamos seguir exatamente pelas etapas do marketing na fotografia.

Etapa 1 – Faça seu Ikigai

Coloquei aqui também o diagrama para você fazer esse exercício e descobrir seu propósito na fotografia. Se bem que vale para a vida. Qual a razão de você acordar todos os dias e o que te move? Por que isso é importante? Porque como é que você vai desenhar seu posicionamento, target e segmentação se você nem sabe qual é o seu perfil. Isso tem relação direta com autoconhecimento. Só temos condições de criar um marketing de verdade que venda você, se existir a relação direta de que o seu posicionamento e presença de marca batem com sua identidade. Exemplo: a Coca-Cola vende uma ideia de felicidade e família. Se ela quiser passar uma imagem de saúde vai funcionar no marketing? Não. Deve ser por isso que ela vem investindo em aquisições de produtos e empresas de bebidas mais ligadas a coisas de saúde. Como sucos, chás e afins. De qualquer forma, quando o cliente vê a logomarca da Coca-Cola nesses produtos, embora seja uma marca poderosa, certamente não vai ajudar a ilustrar uma imagem saudável. E não há muito que a empresa possa fazer nesse sentido.

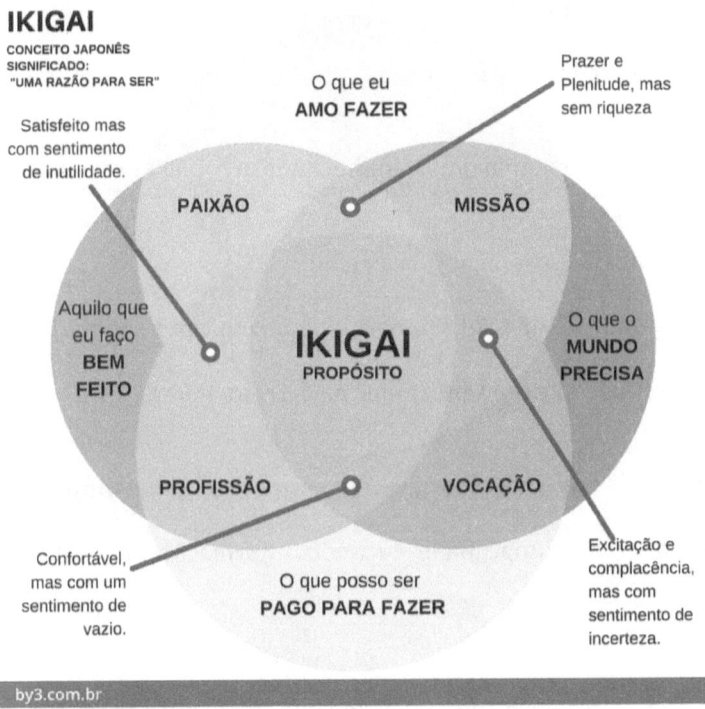

Faça o ikigai

Depois de feito, olhe para o cruzamento dessas informações e encontre o ponto perfeito que mais se adequa ao seu perfil de negócio. O meu deu de compartilhar conhecimento. Qual é a base do seu propósito?

Etapa 2 – Faça seu STP

A segmentação, o target e o posicionamento são cruciais para alinhar suas demandas. Priorizar esses três elementos só pode ocorrer depois de definido o propósito. Se no meu caso deu 'compartilhar informações', então posso me posicionar como uma marca de conhecimento. E buscar a divulgação e artes orientadas nesse sentido.

Meu propósito no Ikigai – compartilhar conhecimento – Inclua o seu aqui

_____

Segmentação: meu público é de profissionais de imagem (foto e vídeo) que buscam informações úteis que possam ajudar na carreira deles.

Alvo: meu público está nas redes sociais, em grupos de WhatsApp e de Facebook, em eventos de fotografia e caçando informações em sites e YouTube.

Posicionamento: ser referência de conteúdo de alto nível por gerar informações relevantes para meu público. Fazer isso na internet, em eventos e com venda de livros e consultoria on-line.

Ótimo. Você fez o Ikigai e o STP. Descobriu, assim, uma base do seu propósito, daquilo que faz você acordar empolgado todo dia (ou que deveria fazer, ao menos). Com a missão pessoal definida pelo ikigai, você estabeleceu segmentação, posicionamento e alvo. Agora chegou a hora de fazer o Menor Mercado Viável. Quantos clientes você tem hoje? E quantos você poderia ter a cada semana? A conta deve ser feita considerando o que você já faz e o que pode ser encaixado na sua agenda. Faça essa conta agora: nos 30 dias de um mês quantos clientes podem ser encaixados para que você consiga atender de forma a tornar seu negócio viável economicamente e que garanta, assim, um crescimento orgânico e saudável. Se você atende quatro clientes por mês, certamente terá condições de crescer muito mais. Seria irreal imaginar que você terá 20 novos clientes. Lembre-se de crescer passo a passo, de forma orgânica, até chegar ao faturamento e às condições ideais para a sua carreira poder se desenvolver. Seth Godin diz que podemos crescer de 10 em 10 clientes até chegar em 100. E daí, partir para bater nos mil clientes, que vão comprar de você esporadicamente. "Com mil clientes, um negócio consegue se sustentar no tempo". Com 10 mil, você enriquece. Eu defini que este livro tinha um Menor Mercado Viável de 1000 unidades no primeiro ano. Mas é diferente porque é um livro e pode ser vendido com certa escala. Defina a quantidade de clientes do MMV de acordo com suas necessidades e demandas. Entenda as suas condições atuais e vá crescendo aos poucos. Seja realista. É mais fácil e prudente crescer de 10 em 10 (ou quem sabe até de 1 em 1), para daí em diante buscar volume. Isso se fizer sentido também. Um negócio com perfil de alto valor cobrado não trabalha com quantidade, mas, sim, com valor adicionado. Perfil do seu negócio tem relação com seu posicionamento para encaixar valores cobrados, estilo do produto, sua presença etc.

Depois vem o MKT 4.0 – o caminho lógico agora é ampliar o conceito do Marketing 4.0 para o seu negócio. Você já tem o propósito, STP e MMV. Isso serve muito bem para alinhar o ataque nos 4 P's do Marketing 4.0.

Produto é colaborativo – a ideia é criar produtos para seus clientes. Você tem que ouvir o que eles querem ou prestar muita atenção no que eles estão dizendo no mercado. Responda à pergunta: o que você pode criar junto e para seus clientes? O que você tem hoje foi feito por que você queria fazer ou por que seus clientes pediram?

Ponto é marketplace – Ponto não é só mais um espaço físico. Como você está presente nas redes sociais e no ambiente on-line? Seu site, sua comunicação, os canais disponíveis? Como está sua presença em eventos e experiências para clientes? Você participa de eventos de parceiros? Em quais poderia participar? E congressos e workshops? Como está sua presença geral física e digital? Existe uma integração ou cada coisa tem um estilo?

Promoção é conversa – Que parceiros estão atuando no seu mercado e que poderiam trabalhar com você? Como você pode atuar de forma diferenciada em uma parceria no seu bairro ou perto de onde estão seus clientes? Como é sua comunicação hoje? É só uma oferta simples ou conta uma história? Você usa vídeo para mostrar produtos e sua história? Você consegue adaptar os conteúdos do que faz para o perfil de cada rede social? Tem cara de comunicação nativa para aquele ambiente? Seu site e redes sociais seguem um padrão básico de mais do mesmo? A grande pergunta é: como você pode se relacionar e gerar engajamento que gerem conversas com seus clientes e potenciais compradores?

Preço é recorrência – seu produto oferecido hoje tem características para gerar novas compras e, portanto, recorrência? Você poderia criar amanhã um conceito de produto ou serviço que faça o cliente te pagar mensalmente e ter ele por perto?

Pessoa/Personalidade - quem é você e como sua identidade pessoal interfere ou vai interferir em tudo relacionado ao seu negócio de fotografia?

Parcerias - quais podem ser seus parceiros de negócios similares que atendem públicos semelhantes e podem se ajudar?

Potencial - como está seu mercado hoje e será que você poderia atender um novo mercado com bom potencial que está inexplorado?

Presença - como você pode estar presente no ambiente digital e físico? Como estar mais perto e qual a frequência que você terá para atingir seu alvo?

Propósito - o que você faz e por quê? Seja de forma pessoal e com impacto financeiro.

O Cliente – Quem é seu cliente ideal? Como você vai chegar nele? Um único cliente pode fazer toda a diferença no seu negócio e ajudar a atingir, com o tempo, outros consumidores com perfil semelhante.

Oportunidades e ameaças e uma conclusão em aberto.

Eu poderia entrar nas tendências, oportunidades e ameaças mais atuais e daqui uns seis meses estaria muito desatualizado. Logo, vou entrar nisso, mas vamos olhar para o longo prazo. Eu imagino que se você quer viver de verdade da fotografia, não vai querer ficar nos 12 a 24 meses que tem rolado com outros entrantes. Você quer reconhecimento, retorno financeiro e fazer um trabalho gratificante. Pois bem, a boa notícia é que vivemos na era da imagem. Eu disse imagem e não fotografia. Isso quer dizer fotos e vídeos e suas variações digitais. Animações, Gifs, Boomerangs e afins.

As tendências em negócios, marketing e tecnologia para 2020/2021

Marketing digital deve ditar boa parte dos esforços de empreendedores da fotografia e de outros ramos. Só não esqueça que o mundo real também dá resultados.

As operações de negócios mais estruturadas (sejam fotógrafos, laboratórios e a própria indústria) já têm seus planos traçados desde outubro do ano anterior. Alguns até deixam para novembro ou dezembro, mas o importante é ter um plano preparado para o ano seguinte. Antes de qualquer coisa é bom antecipar: planos mudam, não dá para ficar preso a uma estratégia se as coisas não funcionarem. Na prática, isso representa fazer ajustes enquanto o jogo acontece. O que é muito natural. Separei aqui algumas práticas que serão apostas das principais marcas do mundo. São dados de canais de notícia respeitados, daqui e de fora, e que podem te ajudar de alguma forma no seu mapa de negócios com fotografia em 2020. Só uma observação: são ações ou tendências que valem para a fotografia de uma forma geral. Só não fique tão preso nas tendências, pois o clássico 'cuidar bem do cliente e ter um produto incrível' continua gerando indicações e marketing da melhor qualidade. Aquela velha história: clientes satisfeitos geram boca a boca. E se você não tem clientes (quem está começando), investir em um produto (para os clientes) tem tudo para encantar.

As seis tendências de marketing digital, segundo Erica Queiroz. Conteúdo publicado por ela para o ótimo StartSe, voltado para startups e marketing. Coloquei na íntegra, com link para o post dela. Fiz comentários adaptados para a nossa realidade da fotografia.

1. Marketing Conversacional

Marketing conversacional é, segundo a Draft, "a maneira mais rápida de levar os compradores pelos funis de marketing e vendas, por meio do poder das conversas em tempo real. Ele cria relacionamentos e experiências autênticas com clientes e compradores."

As pessoas querem respostas rápidas, então quanto mais rapidamente a sua empresa respondê-las, maiores as chances de conversão. Quando a sua empresa tem esse contato um a um, cria uma personalização. E é isso que as pessoas vêm buscando cada vez mais: elas querem respostas únicas para as suas necessidades exclusivas. E respostas imediatas.

Os três passos principais do marketing conversacional são engajar os leads com conversas, e não com formulários extensos; entender o que eles querem rapidamente, e recomendar os próximos passos corretamente, para movê-los pelo funil de vendas, rumo à conversão.

Os chatbots são uma ótima opção para o marketing conversacional, pois estão disponíveis 24/7. Mas o final do processo deve se dar pela interação com um humano, porque a máquina ainda não possui uma relação totalmente humanizada para oferecer. Quem sabe em breve?

Minha opinião - excelente material que mostra a importância de gerar conversas. No marketing 4.0 promoção (divulgação) é conversa. Logo tem tudo a ver com o que ela diz. Só cuidado com as mensagens automáticas e robozinhos. Nós mesmos da FHOX fizemos uma experiência com Chatbots e não foi tão bacana assim. Passa uma imagem fria e automática. Creio que vale o mesmo para DMs no Instagram e outros meios de enviar contatos pelo WhatsApp e afins. Melhor cuidar de caso a caso e mostrar que você quer conversar com cada um. Até porque estamos falando de um negócio de emoção, em que pessoas compram pessoas. Um robô de atendimento é um muro que divide você dos seus clientes nesse sentido. Isso vale para fotógrafos, lojas de foto e até para a nossa indústria. Queremos atendimento humano e mais próximo. Ouvi uma frase ótima outro dia sobre o assunto: "Marketing é se importar e cuidar das pessoas."

2. Marketing de Influência

Os famosos influenciadores digitais vieram para ficar. O desafio é se manter ligado a quem está emergindo e quem está perdendo seguidores. Você também precisa escolher aqueles que têm identificação com a empresa e que caibam no seu orçamento.

De acordo com relatório da Elderman, 63% dos consumidores confiam muito mais nas opiniões dos influenciadores sobre os produtos, do que naquilo que as marcas dizem sobre si mesmas. Além disso, 58% das pessoas compraram um novo produto nos últimos seis meses, devido à recomendação de um influenciador.

Atualmente, o Instagram é a melhor rede social para usar influenciadores. Mas antes de sair pedindo orçamentos, tenha em mente uma ideia bem detalhada do que a sua empresa quer, formato e quantidade de postagens etc., para depois partir para a busca de influenciadores, cujo perfil se identifique com as diretrizes da empresa.

Só quando tiver uma lista dos mais interessantes, peça orçamentos para fazer comparações e ter uma ideia da ordem de grandeza de seguidores versus valor do trabalho, para ver em qual vale mais a pena apostar.

Segundo a NeoReach, o valor médio da "earned media" (valor de publicidade que uma empresa ganha, derivado de esforços promocionais que não sejam publicidade paga) é de 5,20 dólares para cada dólar gasto em marketing de influência. É algo que pode valer muito a pena para o seu negócio.

Minha opinião - Os influenciadores estão bombando em várias frentes. O negócio da influência se expande de tal forma que até os microinfluenciadores ganharam força. Você pode ser um deles e talvez nem saiba. Usar a parceria com eles que, de fato, gere uma relação em que os dois lados ganham parece algo muito acertado. A combinação parceria + influenciador digital tem tudo para dar certo desde que faça sentido para ambos e com os valores tanto do negócio (seja ele qual for) e do influenciador. Coerência e empatia são pontos cruciais. Traduzindo: se você atende fotografia de família tem que encontrar a pessoa que influencia esse público e não pegar um homem que parece importante só porque ele tem 100 mil seguidores (e talvez nenhuma relação com seu alvo). Preste atenção.

3. Busca por Voz

Os assistentes de voz já são uma realidade em muitos países e estão crescendo aqui no Brasil também. Alexa, Siri e Google podem ajudar a fazer buscas, enviar mensagens, ler textos em voz alta e ter grande valia no marketing digital.

A pesquisa por voz vem aumentando rapidamente. Para se ter uma ideia, a ComScore afirma que, em 2020, 50% das buscas serão feitas por voz.

Desse modo, otimizar o VSEO (voice search engine optimization) do seu negócio é algo imprescindível nos próximos anos. Para isso, tenha sempre em mente como a pessoa falaria para buscar algo, em vez de como ela escreveria essa busca.

Use perguntas, pois é assim que fazemos na maioria das buscas por voz (Qual o restaurante italiano mais próximo? Qual a previsão do tempo para hoje?).

Quem otimizar primeiro e com mais qualidade, ganha as primeiras posições na busca orgânica.

Minha opinião - Esse novo mercado da voz avança com força. A tendência é controlarmos tudo com a voz. Do rádio do carro até o drone. Da impressora à câmera de ação e o software de edição. Aqui, o estudo destaca que a voz vai crescer para a busca com aparelhos de assistência inteligentes ou apps com a mesma função. Faz sentido olhar para isso com cuidado. Sobretudo para negócios de fotografia relacionados ao público de alto padrão. Ou mesmo das marcas do nosso mercado que estão em busca de fotógrafos conectados ao extremo. Caso daqueles que já tem Alexa, Echo Dot e outros apetrechos e tecnologias do tipo. Mas, no Brasil, ainda não é algo dominante.

4. Vídeo Marketing

O vídeo tem se tornado cada vez mais importante no marketing digital. O consumo de vídeo tem aumentado exponencialmente e, de acordo com dados da MarketingCharts.com, de outubro de 2019, essa tendência continuará em alta nos próximos anos.

E vale lembrar que vídeo não se trata somente de YouTube, apesar de ele ser o grande favorito. Mas você pode usar os stories do Facebook e do Instagram, o IGTV, fazer transmissões ao vivo (lives) somente da sua empresa ou com convidados. Há diversas possibilidades. Uma dica que funciona bastante, caso a sua empresa possua um blog, é 'embedar' vídeos nos artigos. Isso faz com que os seus textos sejam mais relevantes para o Google e apareçam em melhores posições. Além disso, vale muito a pena transcrever o conteúdo dos vídeos. Desse modo, você tem mais conteúdo para contribuir para o SEO ou o VSEO do seu blog. Se quiser saber mais sobre Video Marketing, existem muitos artigos na internet e no Google sobre o assunto. Vale a pena pesquisar sobre isso. Uma dica de influenciador com boas ideias para vídeos em negócios é o Camilo Coutinho.

Minha opinião - Vídeo cresce tanto que, em breve, vai atingir mais de 80% do tráfego na internet, ainda em 2020. E com o avanço do 5G nos próximos anos a tendência é de o vídeo engolir a fotografia e se tornar ainda mais presente nas nossas vidas. A verdade é que já está meio assim. E o curioso é que os fotógrafos, laboratórios e até a indústria investem muito pouco em vídeo para divulgar seus negócios. Seja mostrando bastidores, produtos, contando histórias e afins. Embora já vejamos algumas marcas fazendo isso nas redes sociais, tudo parece muito feito de forma tática e esporádica. O que fica claro é que usar a ferramenta do vídeo para divulgar e engajar clientes terá um papel muito maior nos próximos anos.

5. Aplicativos de Mensagens

Apesar de muita gente ainda acreditar que os apps de mensagens só servem para se comunicar com amigos e familiares, eles têm sido uma ferramenta muito útil de marketing digital, para a empresa conversar one-to-one com os consumidores. E muitas empresas têm utilizado essa forma de mensagem em substituição aos e-mails, enviando mensagens personalizadas e até mesmo para grupos.

Para isso, o WhatsApp é a plataforma campeã. O aplicativo detinha, em outubro, 1,6 bilhão de usuários. Hoje mesmo, recebi uma mensagem (chatbot) de um aplicativo de comidas no meu WhatsApp, querendo saber por que eu não estava mais comprando lá.

Com a informação que dei, eles podem me oferecer algo personalizado, para que eu volte a comprar com eles, além de terem detectado uma possível falha no processo.

A propósito, quando eu quero uma resposta rápida de uma empresa, vou logo no Facebook Messenger e, geralmente, recebo uma resposta bem rapidamente. É muito melhor que ligar e acessar diversos menus, esperar meia hora para ser atendido.

Além disso, você pode enviar imagens para explicar um problema, se for o caso. Enfim, acaba sendo mais fácil e prático. E quando quero uma resposta imediata, uso o live chat, se a empresa tiver esse recurso.

Como passamos muito tempo nesses aplicativos (até reunião de negócios faço com frequência por WhatsApp), as empresas já vêm utilizando alguns deles para fazer anúncios patrocinados. Talvez seja uma boa ideia para implementar na sua empresa. Afinal, logo as pessoas poderão fazer compras por meio deles.

Minha opinião - os apps de mensagem são ferramentas poderosas de venda e relacionamento hoje. Servem para acompanhamento, informações e muito mais. Com a nova versão do WhatsApp Business, isso ficou ainda mais poderoso e, no Brasil, já estamos muito ambientados com isso. WhatsApp vende e muito. Telegram também é forte e não ter participação e forma de atuar nessa frente é um grande desperdício de um quentíssimo ponto de contato com clientes, fornecedores e prospects. Embora seja muito usado no Brasil, causa estranhamento que muitos fotógrafos e marcas da fotografia não usem e disponibilizem o WhatsApp para seus clientes.

6. Personalização

Já falei um pouco sobre personalização acima, mas agora vou me aprofundar um pouco mais. O marketing personalizado, também conhecido como marketing one-to-one, consiste em usar dados para entregar mensagens individualizadas a potenciais clientes. Assim, uma mensagem diferenciada pode ser entregue a um cliente potencial, no momento ideal.

De acordo com pesquisa da Epsilon, com 1.000 pessoas de 18 a 64 anos, 80% disseram que têm mais probabilidade de fazer negócios com uma empresa, se ela oferecer experiências personalizadas. E 90% afirmam que a personalização é interessante.

Mercado Livre, YouTube, Spotify, AliExpress, Netflix e Amazon, por exemplo, são grandes exemplos de empresas que usam a personalização. Com base no que você comprou, ouviu ou assistiu, elas te dão outras recomendações, que têm a ver com o seu gosto. Afinal, elas sabem do que gostam as pessoas que têm um gosto parecido com o seu.

Apesar de parecer difícil personalizar, se você analisar bem os dados da sua empresa, sempre conseguirá encontrar um jeito de tornar possível.

Minha opinião - Personalização na fotografia é obrigação. Criamos algo que na essência tem a "cara do cliente", seja o álbum, fotopresente ou aquele retrato corporativo. Personalizar não só no digital, mas no impresso também, com níveis de sofisticação que só é possível hoje. Dá para customizar um álbum com itens dos clientes e dá para ir além, em vídeo e no digital no mesmo sentido. Personalizar é adicionar valor e fugir da guerra de preço. Personalizar imprimindo é fazer ainda mais, garantindo as memórias das famílias. Do lado do profissional é a chance de se diferenciar e do lado dos laboratórios e da indústria é a oportunidade de fidelizar clientes que esperam e precisam de algo único.

Bem, essas são as seis tendências de marketing digital que, na minha opinião, a sua empresa deve levar em consideração em 2020.

Bem próximo do que o conteúdo acima indica, esse texto de Bruno Mello, do Mundo Marketing, conversa com todos os negócios. Segundo ele, 2020 será a década do marketing de resultados. Como assim? Ele diz no texto que os consumidores vão se relacionar com marcas que acreditam e que compactuam dos mesmos valores. E que isso vai impactar as empresas e as pessoas em todas as esferas. Embora nessa nova fase os consumidores comprem de forma mais consciente, a decisão passará por algo mais poderoso: esse produto ou serviço traz resultados para mim?

O que isso quer dizer? Trata-se daquela família que contrata um fotógrafo para um aniversário e recebe um material que emociona de verdade a todos. Da fabricante de câmeras que resolve um problema inesperado de forma rápida e surpreendente. De um laboratório ou loja de impressão que atenda de um jeito rápido, eficiente e, de fato, preocupado com a necessidade dele. Isso já era difícil antes, mas a máxima segue valendo: marketing é sobre se importar e cuidar das pessoas.

Já esse conteúdo da IT Fórum mostra o impacto da tecnologia. Questões como robotização (que já atinge a fotografia), realidade aumentada e sob medida estarão presentes com mais força daqui para frente. Um tanto parecido com o material da StartSe, a diferença é que o texto aborda um item que considero o mais relevante: daqui para frente vamos ter que educar para vender. De criar eventos envolvendo parceiros para ensinar o valor do negócio para os consumidores. E isso vale para o digital e o mundo real. Um exemplo são fotógrafos que fazem vídeos mostrando por que imprimir é super importante para as famílias. Ou por que a segurança no newborn é obrigatória. Já vi fotógrafos fazendo isso com eventos dentro de lojas parceiras mostrando como a fotografia pode ajudar nas mais variadas formas. Seja para ter uma foto que ajude a conseguir um novo namorado, emprego ou para vender produtos. E o parceiro certo para fazer isso é questão central.

2020 será a década do marketing digital. Os investimentos nesse sentido sejam de grandes marcas e da própria dominância do Google/Facebook comprovam isso. Contudo, não podemos dizer que será assim para sempre e sem alterações. O exemplo é a ascensão do TikTok. Já reparou como essa marca está aparecendo nas postagens de especialistas e de matérias sobre marketing digital? Não é para menos. Recentemente, o CEO do Snapchat (Evan Spiegel) disse que o TikTok será maior do que o Instagram. A rede social chinesa avança na geração Z e Alpha com muita força (os mais jovens) e já teria passado de 700 milhões de usuários no mundo. Aliás, o próprio Snapchat e Instagram no começo tinham mais jovens presentes usando essas ferramentas. Se a década que passou foi do Instagram é arriscado dizer que continuará sendo assim nos próximos anos.

Uma matéria recente da respeitada The Drum trouxe a visão de Charlie Carroll, diretor comercial da agência londrina Push Group. Veja os sete pontos que ele considera como de grande impacto para o futuro do marketing digital:

1 – A inteligência artificial vai transformar o cenário desse mercado. Já existem serviços on-line que fazem tudo em termos de marketing digital. Compram os anúncios, criam os filtros, fazem análise e aprendem com o tempo a realizar campanhas. Segundo Carroll, os sistemas de inteligência artificial estão impactando nesse momento no mercado. Só em 2018 a tecnologia representou um aumento de 22% na conversão de campanhas que usam aprendizado de máquina. O especialista diz que a velocidade desse avanço de 2020 para frente será estonteante. Com desempenho superior aos humanos nas tarefas de marketing digital. Sejam elas complexas ou simples.

2 – Quem usa o marketing digital vai atuar em diferentes plataformas. Aqui justamente de não ficar preso só ao Facebook/Google. Para Carroll, os profissionais que investirem em várias plataformas terão resultados com vantagens. Quais seriam esses canais? Amazon, LinkedIn, Twitter. E tudo na base do teste e ajuste para melhorar o desempenho de acordo com os resultados.

3. O alvo na audiência será feito de forma consistente. Ele diz que o uso das listas de remarketing será coisa do passado. O foco, a partir de 2020, nas operações mais sofisticadas de marketing digital será em pontos de contato

específico ao longo da jornada do cliente. Os melhores farão isso na hora certa e com a audiência certa, o que possibilitará o crescimento da clientela sem a necessidade de bombardear o mesmo cliente diversas vezes para vender. Um relatório da Marketo sobre Engagement Gap mostra que 56% dos consumidores querem que os negócios entendam suas reais necessidades. Em 2020, o marketing terá que contar histórias que melhorem a vida dos clientes e que ensinem de forma satisfatória. Ou seja, educar para converter os clientes, ajudando-os nas suas questões pessoais.

4 – O avanço da inteligência artificial - as estratégias de marketing terão que inovar. Quem não fizer isso ficará no lugar comum e tende a perder espaço. Uma abordagem estratégica pensada para o cliente de forma criativa. Aqui o resumo é simples: com a automação tomando conta vai sobrar espaço para agir de forma criativa. Aproveitar os dados gerados para criar, fazendo a adaptação necessária para os resultados. No fim, a inteligência artificial vai liberar mais tempo para pensar de um jeito mais complementar e criativo. Carrol diz que vão sobreviver nesse mercado aqueles que souberem se adaptar à nova era da inteligência artificial no marketing digital.

5 – O crescimento dos chatbots – assim como no outro estudo, Carroll diz que os robôs de mensagens terão papel predominante. Inclusive mais

humanos, serão capazes de entender de forma pessoal e agir de maneira informativa.

6 – Marketing de conteúdo de alto nível vai fazer a diferença. Volta aqui a questão de educar para vender. De mostrar valor em informações úteis para o público a quem se deseja vender. Conteúdo de alto nível será a forma mais efetiva de gerar contatos e vendas. Em 2020, o destaque mais forte será para os "anúncios que informam e que tem profundidade". Oferecer uma experiência pessoal e com informação útil de verdade e pessoal para sua audiência.

7. PPC e SEO serão aliados. Carroll diz que a estratégia do marketing digital (pay per click) vai caminhar junto com o SEO (busca orgânica no Google). Saber combinar as duas ferramentas vai fazer a diferença nas campanhas digitais de 2020. De forma integrada e que gere dados que beneficie ambas as partes.

Fonte: The Drum!

O novo negócio dos filtros de realidade aumentada personalizados

Destaque em matérias recentes da Wired e do Estadão, os profissionais estão enfocando na criação de filtros exclusivos para marcas

Você entra no Instagram ou no Snapchat e escolhe um filtro exclusivo criado para um show, uma loja, uma peça de teatro e por aí vai. Esse tipo de "produto" ganhou força depois que as duas redes sociais abriram canais para a criação desses conteúdos para qualquer um que queira criar algo único. Vale dizer que são filtros de RA (realidade aumentada) e que servem para os mais variados fins e aplicações. E é importante ressaltar que tanto Snapchat quanto Instagram precisam aprovar esses filtros para depois disponibilizar os itens digitais para que qualquer um possa baixar.

Avançando no Brasil - Essa matéria do Estadão mostra que aqui no Brasil diversos profissionais estão apostando nesse ambiente e no desenvolvimento de filtros para Instagram e afins. O texto do Estado de SP mostra que profissionais estão faturando com essas opções. Um designer citado na matéria diz faturar dois mil reais por mês com esse trabalho. Diversos profissionais estão investindo nessa nova área de olho nas possibilidades de atuar com marcas na criação de obras exclusivas. O que paira de dúvida em relação ao avanço dos filtros em RA é da adaptação do modelo de negócio para o consumidor final. A grande questão é se algum empreendedor vai encontrar uma forma de tornar isso um negócio e também para atender o público em geral de uma forma mais individual? E se teria apelo para tanto? Difícil dizer como seria isso.

Maquiagem com realidade aumentada – A matéria da Wired, do Reino Unido, traz a história da francesa Ines Alpha, especialista em design 3D e diretora de arte que começou a criar esses filtros RA para marcas como a Nike. Na prática, são produtos digitais únicos e customizados para cada marca compradora. A ideia no trabalho de Ines não é enfocar em maquiagens que tornem a pessoa irreal. Na verdade, o conceito contorna o aspecto de criar um "eu perfeito". O que é o alvo nesse tipo de filtro é um realce, uma aplicação artística. É isso que Ines faz com esses filtros, verdadeiras obras autorais digitais. E na visão dela, as pessoas estão brincando e experimentando a realidade aumentada nesses filtros para criar um tipo de beleza diferente.

O boom está vindo? Ines foi aprovada para o uso e acesso ao sistema Instagram Spark AR Studio que permite criar as peças virtuais. Desenvolvedores do Instagram estão testando as criações da artista, o que demonstra a importância do trabalho dela e indica claramente como esses filtros devem avançar cada vez mais nas nossas vidas. O Facebook em apresentações recentes mostrou que a realidade aumentada e a câmera do aplicativo serão funções primordiais que devem ditar a forma como nos relacionamos com tudo nos smartphones e nas redes sociais. Lembrando que TikTok e Snapchat também investem muito nessa tecnologia. Especialistas dizem que a realidade aumentada em poucos anos será tão grande quanto o fenômeno do smartphone. Hoje serve mais como uma forma de entreter e divertir as pessoas. Mas como diz o livro "O poder inovador da diversão" (de Steven Johnson) – Se quiser saber onde está o futuro é onde as pessoas estão se divertindo. Resta saber como os fotógrafos e empreendedores da imagem vão participar dessa brincadeira.

Tudo muito lindo e o marketing na fotografia?

Claro que as informações acima trazem dados úteis também para fotógrafos e negócios de fotografia. O que está claro para 2020 é o avanço de uma estratégia híbrida. O negócio de fotografia seja ele qual for terá que olhar para uma combinação de fatores. Receitinhas mágicas e estratégias com fórmulas prontas que funcionaram nos últimos anos, não necessariamente terão resultados efetivos daqui para frente. Primeiro porque o cenário competitivo muda a cada seis meses e as próprias plataformas mudam junto. Em um ambiente de alta competição, com crise estendida, não será uma tarefa muito favorável. Segundo porque a fotografia ocorre de verdade (quase sempre) no mundo real. Seja um ensaio, uma festa de aniversário, um retrato, folhear um álbum ou imprimir fotos. O consumidor da fotografia compra nosso mercado em momentos de prazer e relaxamento. Em situações em que ele está "desarmado" e propenso a consumir de forma mais emocional. O desafio será conseguir chamar a atenção para o seu negócio em um mundo em que as pessoas estão cada vez mais ligadas em suas telinhas e em que a fotografia digital perde valor dia após dia. Conseguir reverter esse quadro vai envolver uma série de tarefas desafiadoras. Como adicionar valor a sua oferta fotográfica e trazer o cliente até o fechamento do contrato. Para um mercado onde toda segunda-feira nascem centenas de fotógrafos, não será uma "briga" fácil. Especialmente se você buscar um método aplicado por todos que querem viver ou vivem da fotografia e estão precisando vender mais.

Leitura agradável e informativa é essa entrevista de Romero Jennings, diretor artístico da M.A.C., para o Universa do UOL. Ele fala do impacto dos filtros na aparência das pessoas. Isso é algo que abordamos em matérias passadas. A influência das selfies nas cirurgias plásticas. Romero diz que as mulheres estão se maquiando para o Instagram. E que essa mudança de comportamento não é necessariamente ruim. O fato é que falamos disso recentemente do novo negócio dos filtros com realidade aumentada. E até o exemplo fascinante de Ines Alpha, designer de filtros em RA para maquiagem virtual. O discurso de Romero mostra como a empresa está investindo no desafio de transformar maquiagem em filtro. Isso mesmo, de criar um produto que as mulheres desejam para atender esta demanda.

Do virtual para o real (e vice-versa) - A nova era da maquiagem parecer filtro mostra-se ao mesmo tempo instigante e promissora. Talvez assuste no sentido de que o virtual nos afeta a esse ponto. Inegável é que esse avanço é tendência. Do Instagram afetando as experiências para que tudo seja compartilhado na rede social. A palavra da vez é 'instagramável'. Romero debate sobre questões filosóficas e estéticas que envolvem a vaidade em tempos de selfie e do espelho que o smartphone se tornou. Pois as mulheres usam hoje mais a câmera do dispositivo do que o reflexo do espelho mais próximo. Segundo ele, a tendência em maquiagem da era dos filtros traz justamente a popularidade dos elementos gráficos. E mais ainda: ele comenta sobre o TikTok como uma novidade que também chega para afetar como nos vemos e como queremos ser vistos. A maquiagem para Instagram/TikTok envolve a importância da autoexpressão. E isso tende a influenciar a fotografia como um todo daqui para frente. Aliás, o Instagram parece (ao menos hoje) como uma plataforma mais do que consolidada justamente pela necessidade de nos expressarmos com imagens. Deve ser por essa razão que hoje o Insta virou um canal sedimentado em suas três áreas (feed, stories e IGTV). Tanto é verdade que podemos passar nosso tempo só ali. Deslizando o dedo na tela. Em uma palestra do RD On The Road (Resultados Digitais) que participei no ano passado, a especialista no palco dizia que deslizamos em média 80 metros de Instagram por dia em nossos smartphones. Então não é para menos que o tempo gasto entre os apps de qualquer usuário sempre traz essa rede social como uma das principais ladras de tempo. Se rouba ou não o nosso precioso tempinho é outra discussão.

Instabusiness – É evidente a força incontestável do Instagram na última década (os puristas dirão que os dez anos se encerram no fim desse ano, ok?). Basta comparar com nosso comportamento. Quando você pensa em busca não resta nenhuma dúvida de que o Google é o local de pesquisa. Virou sinônimo do negócio, aquele sonho de marketing tão raro. Pois não me parece diferente com o Insta. Quando pensamos na nossa melhor expressão digital visual lembro-me da minha "instapessoa". Deve ser por conta disso que nessa última década, a plataforma se valorizou em mais de 100 vezes desde sua compra por um bilhão de dólares pelo Facebook. E agora entramos em uma fase misteriosa tentando entender os meandros do

Instagram. "Me diga quando viu esse post" e vire "meu melhor amigo" na lista do Stories. Uma transformação que parece indicar a ferramenta como algo que vai muito além da rede social comum. Prova disso é que virou o ponto do marketing para quase todos os negócios e pede presença com vídeos, GIFs, Boomerangs, Lives, Enquetes e muito Stories. Uma rede com muitas redes dentro dela. Com um mapa de negócios e tendências via hashtag e a possibilidade de você criar um estúdio digital, (ou chame de lojinha) com resultados surpreendentes. E inspirando museus, exposições, projetos, produtos e serviços. A palavra insta grudando em tudo no mundo real. Tanto é verdade que uma marca como a MAC (100% conectada à vaidade) está investindo para criar uma maquiagem que encante como aquele filtro que você tanto aprecia.

Meero, empresa francesa, já atuando no Brasil, é um case que vale a pena ser olhado e que representa as novas empresas da fotografia.

Com três áreas, myMeero é uma nova plataforma da Meero que permite ao fotógrafo simplificar o trabalho. E mais do que isso, quer ajudar com conteúdos educacionais e fluxo de trabalho. Tudo de graça e para estimular a criação de uma comunidade de fotógrafos.

O espaço myWork reúne as ferramentas que ajudam o fotógrafo a gerenciar diferentes atividades profissionais. Desde cotações, parte de orçamentos, compartilhamento de fotos e vídeos. Nessa última parte, a ideia é o fotógrafo ter uma galeria privada. O serviço deve atender não só fotógrafos como também videomakers. Um local de controle para que o fotógrafo monitore todas as atividades e simplifique as atividades diárias. As facilidades são tantas que o fotógrafo pode até gerar contratos que podem ser assinados direto na plataforma ou enviar links de pagamentos on-line.

Academy - é a parte interativa e exclusiva dedicada à fotografia com conteúdos inspiradores. Tudo para estimular e inspirar a parte artística dos fotógrafos. Com direito a documentários com alguns dos maiores nomes da fotografia mundial, compartilhando histórias e processos criativos. Além de documentários, essa área conta ainda com tutoriais fotográficos e masterclasses. Outros conteúdos trazem entrevistas, aulas e podcasts exclusivos.

Comunity - um canal comunitário que estará disponível em breve. Com uma rede de fotógrafos presentes em diferentes partes do mundo. Ali, o fotógrafo cadastrado poderá participar de eventos presenciais e encontros organizados pela Meero. Lá estão ofertas exclusivas com parceiros da empresa.

Segundo a Meero, os fotógrafos podem participar e consumir os conteúdos, mesmo sem fazer parte da plataforma. É tudo de graça de qualquer forma. Fundada em 2016 e presente em 100 países, a Meero é uma startup francesa que atende 100% com um sistema de cadastramento de fotógrafos que trabalham com marcas como Airbnb, Uber Eats e Expedia. A empresa digital atua em negócios como varejo online e lifestyle. Em uma entrevista no ano passado, o CEO da Meero disse que a startup também entraria no mercado de fotografia de casamento.

No fim, o que a Meero vem apostando até aqui é na força da própria comunidade. Em um crescimento de marketing de influência com a ajuda dos próprios membros e com a grande oferta de serviços disponíveis na própria plataforma. O marketing de conteúdo ocorre nas publicações das revistas da marca, caso da Blind e na área da MyCommunity . Resta saber se a Meero vai conseguir manter o ritmo de crescimento com a entrada de outras ferramentas similares em diversos países. A ver.

Por um fotógrafo mais pessoal. Espero que você entenda que em um mercado tão competitivo vamos precisar de fotógrafos mais humanos. Preocupados em contar histórias

com emoção e de cuidar dos clientes. Não pensando só em números de clientes. Especialmente agora com a nova fase do "novo normal" pós-covid. Estamos passando por uma gigantesca transformação e a fotografia está sendo e será ainda mais impactada nos próximos meses e anos. Se já era difícil antes, agora ficou ainda mais complicado. Logo o fotógrafo terá que ser mais cuidadoso em diversas questões que vão da higienização ao contato humano. Ter a confiança e ser indicado terá mais potência de 2020 para frente. Quem conseguir isso terá o diferencial dos diferenciais.

Em um mundo onde todos são fotógrafos, ser só profissional já não é mais o bastante. Não é exagero dizer que existem mais de 200 mil fotógrafos atuando formal e informalmente no mercado. A sensação de quem atua no ramo é de que há muito mais do que isso. Basta uma pesquisa nas redes sociais, sem muita dificuldade para identificar que mais de 1 milhão de pessoas se dizem fotógrafos no Brasil. Ser fotógrafo é um termo amplo.

- Existem aqueles que vivem 100% de fotografar.

- Existem os que fazem meio a meio. Ou seja, que trabalham durante a semana em outra profissão e nos fins de semana clicam em eventos sociais.

- Temos ainda os que querem ser, mas não conseguem nenhum trabalho. Tudo ainda muito no início.

- E tem, por último, o que fotografa por prazer e não vive e nem quer viver de foto. Mas consome câmera, papel etc.

Digamos que você é profissional (ou quer ser). Minha pergunta nesse caso é: Você quer conquistar mais mercado e respeito? Nas turmas da Escola de Negócios FHOX é o que quem está no mercado ou quem está iniciando mais quer. Por quê? Porque reconhecimento por parte de clientes e colegas é gratificante. Porque faz bem para o ego. Contudo, o trabalho desmedido para aparecer para novos clientes e, ao mesmo tempo, impressionar concorrentes parece uma corrida sem fim. Por trabalhar com imagem, o fotógrafo fica refém das aparências. De mostrar mais do que fazer. Não tem muito jeito. A fotografia profissional movida pela vaidade é tóxica. Sabe por quê? Porque ela é uma rota que desgasta no tempo. Não dá para ficar só correndo de atrair novos clientes e ser reconhecido no mercado por muito tempo. No fim, o jargão "deixe o trabalho falar por você" faz mais sentido. Esse falar deve envolver seus clientes e não concorrentes, claro.

Ser profissional é básico. Ter qualidade, postura, profissionalismo, enfim. Se você não tiver nem isso não há nem como continuar. Mas, pasmem, muitos fotógrafos que se dizem "profissas", mal fazem o básico.

Ser um fotógrafo mais pessoal está alinhado com a nova forma de fazer o marketing que dá certo. Porque cuidar bem dos outros e se importar é o marketing mais efetivo e o único que nos resta. Só perde para o boca a boca. Aliás, que é justamente gerado pelo cuidado. Interesse genuíno em cada pessoa. Quem ele é? O que quer? O que posso criar para ele? Como faço para ele ficar satisfeito? Satisfação gera indicação e retorno. "Ele cuidou tão bem de mim. Ele criou fotos que representam minha história e com a minha cara". O fotógrafo mais pessoal (ou videomaker) pensa caso a caso. Ele enxerga indivíduos e não números. Não são só contratos, são acontecimentos daquela família que terei que cuidar muito bem. A fotografia profissional precisa dessa mudança de conduta. Romântico? Poético? Utopia? Será mesmo? Os fotógrafos (as) que estão bem de verdade nem aparecem muito. Estão voando baixo (fora do radar) e não palestram, não vendem curso e não se promovem para os colegas. Deve ser porque eles estão pessoalmente muito envolvidos com seus clientes. Então, vá ser um excelente fotógrafo profissional em um nível pessoal com seus clientes. Boa sorte e bom trabalho.

Sugestão de Livros

Você provavelmente passa mais tempo na internet e tenta aprender com esses conteúdos on-line. Só que a forma de aprender mesmo e ficar mais inteligente é lendo livros. Abaixo tenho uma pequena lista com sugestões de algumas publicações que podem te ajudar. Todas com foco em negócios e muitas abordagens deste livro.

Preço, de William Poundstone - é um livro que aborda tudo sobre preço. Com pesquisas e profundidade. Com estudos e conhecimento, ele fala sobre ancoragem, barganha e sobre nossas percepções. Tudo com embasamento e informações detalhadas. Não existe outra publicação melhor para começar a entender mais sobre o tema.

Isso é Marketing - O melhor marketing não parece marketing. O livro de Seth Godin aborda o tema de forma leve e rica. Ele mostra a diferença entre criar algo para as pessoas e ouvir os anseios dos consumidores. De crescer do pequeno para o grande e de forma orgânica. Fala sobre produto, relacionamento e as pegadinhas do marketing digital. É uma grande aula sobre marketing nesses tempos conectados. É uma ótima pedida para evoluir no assunto.

O poder inovador da diversão. "Quer saber onde está o futuro das coisas? Olhe para onde as pessoas estão se divertindo." Essa é frase do livro que toca sobre esse tema. De como a diversão influenciou tudo. Do cinema, do teatro e da comida. Algo que vem de séculos e que segue evoluindo. Importante entender que a diversão tem relação total com a fotografia. Ou pelo menos deveria ter. Quando estamos posando para uma foto não estamos nos divertindo? Recomendo a leitura. Autor: Steven Johnson

Peça por Peça é um livro que conta a história da Lego e de como a marca se reinventou em tempos digitais. Excelente leitura para se aprofundar no marketing 4.0. Uma marca de brinquedos de plástico que quase faliu e que lançou depois videogames, filmes e desenhos de um jeito surpreendente. Autores: Bill Breen e David C Robertson

Uma Pergunta mais Bonita: As perguntas dos criadores de Airbnb, Netflix e Google. Você só consegue encontrar caminhos se tiver as perguntas certas. Esse livro mostra como Uber e outras grandes empresas surgiram de perguntas. Autor: Warren Berger

Marketing 4.0 - é a base desse livro e dos meus cursos presenciais. Philip Kotler é considerado o pai do marketing e o livro mostra no detalhe o que é esse marketing que empodera o cliente hoje. O consumidor conectado precisa de um marketing assim.

Sprint. O Método Usado no Google Para Testar e Aplicar Novas Ideias em Apenas Cinco Dias, de Jake Knapp. O autor traz a forma de criar um projeto e implantá-lo em cinco dias. Da ideia inicial até o teste. Ou seja, de você começar na segunda-feira e colocar para rodar seu projeto na sexta.

Esse livro não vai te deixar rico - Startup da Real. Uma abordagem crua e dura sobre o mundo do empreendedorismo. O que ele mostra é que a vida do empreendedor é bem difícil e isso é bom. Para a gente cair na real e fazer as coisas com o pé no chão.

Empreendedorismo para subversivos - de Facundo Guerra. Segue a mesma linha do livro acima. Facundo é um empreendedor serial que trabalha na noite, com casas noturnas, bares e restaurantes. É uma visão com choque de realidade. Necessário.

Os 10 pecados mortais do marketing - esse livro de Philip Kotler aborda erros comuns de marcas em relação aos erros cometidos no marketing das corporações. É mais voltado para empresas, mas talvez te ajude a ter uma visão fria dos erros que até as grandes marcas cometem na condução das estratégias de marketing.

As virtudes do fracasso - de Charles Pépin. É um livro fascinante, com o valor dos erros e do fracasso para o crescimento. Com cases de atletas, celebridades e personalidades que fracassaram e conseguiram aprender e crescer com seus erros.

Posicionamento: A batalha pela mente do consumidor. Esse é um clássico de Jack Trout e Al Ries sobre a importância do posicionamento. É de fato uma briga grande pelas mentes dos clientes. Porque você acha que a Coca-Cola bate tanto em propaganda e o Itaú também.

Se quiser saber mais do que eu ofereço para ajudar...

meu.MKT - é meu primeiro produto de orientação em marketing (100% on-line) para fotógrafos e negócios de fotografia. Com análise e uma visão para ajudar o empreendedor com as questões iniciativas do marketing.

R.U.M.O. - é minha iniciativa mais completa em três pacotes de orientação. Também 100% on-line e com colaboração para orientar o marketing na fotografia. **Saiba mais**: leo@fhox.com.br

Seminário Marketing 4.0 - minhas atividades presenciais que ocorrem em São Paulo e no Rio de Janeiro. Organizamos o Seminário Marketing 4.0

várias vezes ao ano. Um dia todo de imersão no marketing na fotografia. Saiba mais: leo@fhox.com.br

Marketing (é o) Básico – meu curso de marketing básico para fotógrafos e empreendedores da fotografia. Com foco na importância do propósito para formatar o marketing eficiente desses novos tempos.

Tudo sobre o mercado fotográfico - FHOX.com.br

Tudo sobre o mundo da imagem - podcast FHOXCast - no Spotify e Apple Podcasts

Maior evento de fotografia da América Latina - FeiraFotografar.com.br -

Quer falar comigo? leo@fhox.com.br ou @leops ou 11-99123-4351

Meu site da Escola de Negócios FHOX: enfbyleosaldanha.com

www.ingramcontent.com/pod-product-compliance
Lightning Source LLC
Chambersburg PA
CBHW030624220526
45463CB00004B/1412